Kristin Shi-Kupfer
Digit@l China.

EDITION
MERCATOR
C·H·Beck

Kristin Shi-Kupfer

Digit@l China

Überwachungsdiktatur und
technologische Avantgarde

C.H.Beck

© Verlag C.H.Beck oHG, München 2023
www.chbeck.de
Umschlaggestaltung: Konstanze Berner
Umschlagabbildung: Shanghai, 2019: Der erste Polizeiroboter
patrouilliert in der Fußgängerzone der Nanjing Road, ausgestattet
mit moderner 5G-Technologie und hochauflösenden Kameras.
© atiger, Shanghai/Shutterstock
Satz: C.H.Beck.Media.Solutions, Nördlingen
Druck und Bindung: Druckerei C.H.Beck, Nördlingen
Gedruckt auf säurefreiem und alterungsbeständigem Papier
Printed in Germany
ISBN 978 3 406 79113 0

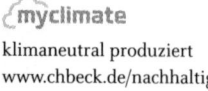

klimaneutral produziert
www.chbeck.de/nachhaltig

Inhalt

«Mostly I like to see how the world works.
Meet people. Learn how they're different – and the same.» –
Angus MacGyver

Danksagung

Menschen außerhalb Chinas für die Vielfalt der Stimmen der chinesischen Bevölkerung zu interessieren, ist mir seit Beginn meiner Beschäftigung mit der Volksrepublik ein großes Anliegen.

Mit diesem Buch wurde mir das Geschenk gemacht, die Dynamiken, aber auch die Brüche der chinesischen Gesellschaft als eine Perspektive auf Chinas Digitalisierung beschreiben zu dürfen.

Diese Möglichkeit verdanke ich in allererster Linie Wolfgang Rohe von der Stiftung Mercator, der mir sein Vertrauen und damit den Mut geschenkt hat, dieses Projekt anzugehen.

Detlef Felken vom Verlag C.H.Beck hat mich durch erste Gespräche weiter ermutigt und unterstützt.

Zu sehr großem Dank bin ich Matthias Hansl und Claire Zander vom Verlag C.H.Beck und auch Annette Wolf verpflichtet, die Unstimmigkeiten und Unebenheiten in meinem Text ausfindig gemacht und geglättet haben. Verbleibende Fehler sind allein mir selbst zuzuschreiben.

Für die inhaltliche Gestaltung des Buches denke ich mit großer Dankbarkeit an die vielen anregenden Gespräche und die Zusammenarbeit mit meinen ehemaligen Kolleginnen und Kollegen beim Mercator Institut für Chinastudien (MERICS), insbesondere Katja Drinhausen, Kai von Carnap, Mao Yishu, Rebecca Arcesati, Mareike Ohlberg, Anna Holzmann, Max Zenglein und John Lee sowie dem Gründungsdirektor Sebastian Heilmann und dem amtierenden Direktor Mikko Huotari.

Besonderer Dank gebührt meinen studentischen Mitarbeiterinnen und Mitarbeitern, insbesondere Joana Hilgert, aber auch

Nils Wigger, Anna-Lisa Weber und Benedikt Herder, die mich bei der Recherche und Vorbereitung des Manuskripts mit großem Engagement unterstützt haben.

Der Daten- und Sachstand des Buches ist Dezember 2022.

Gewidmet sei dieses Buch insbesondere den Chinesinnen und Chinesen, an deren Leben ich teilhaben darf.

Trier, im Dezember 2022

Kristin Shi-Kupfer

Einleitung: Digitalmacht ohne Menschen?

«Dr. Li, ich hoffe es geht Ihnen gut da drüben. Wir kämpfen hier noch immer mit dem Virus. Wir alle sollen nicht vergessen, dass Sie damals gewarnt und Ihre Stimme erhoben haben.»

(Kommentar von Nutzer «LebenskraftMomo» aus Shanghai am 24. September 2022 um 08:47 Ortszeit auf dem auch anderthalb Jahre nach Li Wenliangs Tod noch aktiven Konto des chinesischen Nachrichtendienstes Weibo)

Der chinesische Arzt Li Wenliang warnte als einer der ersten auf der digitalen Plattform WeChat vor dem Virus SARS-CoV-2, doch chinesische Behörden machten ihn wenig später mundtot.

Am Beispiel Lis lässt sich die Macht und Ohnmacht von Chinesinnen und Chinesen im Angesicht digitaler Technologien nachzeichnen.

Li arbeitete als Augenarzt im zentralen Krankenhaus der Stadt Wuhan. Am 30. Dezember 2019 informierte er Kollegen und Freunde via WeChat über Patienten mit einem neuartigen Coronavirus und rief zur Vorsicht auf. Die lokale Behörde für Seuchenkontrolle hatte just an jenem Tag lokale Krankenhäuser in einem internen Schreiben vor diesen neuen Fällen gewarnt, nicht jedoch die Bevölkerung. Li konterkarierte mit seiner Weitergabe von Informationen die staatliche Geheimhaltung. Lis Nachricht über diese neue Lungenkrankheit verbreitete sich zunehmend in Chinas sozialen Medien.

Lokale Polizeibehörden nahmen den 33-jährigen werdenden Vater daraufhin fest und zwangen ihn zu einem schriftlichen Schuldeingeständnis, «unwahre Aussagen» verbreitet und «die öffentliche Ordnung gestört» zu haben. Li machte diesen Vorgang via Sina Weibo, einer Twitter ähnelnden Kommunikationsplattform, später öffentlich. Seine zwei kurzen, auf dem Verhörbogen abgedruckten Antworten – «Kann ich» (auf die Frage, ob er nun mit seinem Tun aufhören könne) und «verstanden» (auf die Frage, ob er verstanden habe, dass er ansonsten bestraft würde) – sind bis heute Protest-Memes im chinesischen Internet.

In der Nacht vom 6. auf den 7. Februar erlag Li schließlich den Folgen einer Infektion mit dem Coronavirus bzw. das Krankenhaus gab offiziell seinen Tod bekannt. Bereits am Tag zuvor hatten Chinas Netizens gepostet, dass Li im Sterben liege und die Behörden ihn aus Angst vor einer Untersuchung und der öffentlichen Empörung künstlich am Leben hielten.

Daraufhin entlud sich eine Welle der Trauer und Wut in chinesischen sozialen Medien. Netizens kritisierten Autoritäten, die den Ausbruch und die Gefährlichkeit (Mensch-zu-Mensch-Übertragung) des Virus verschwiegen und vertuscht hatten. Auch parteistaatliche Medien nahmen die lokalen Behörden ins Visier und die Disziplinkontrollkommission der Kommunistischen Partei kündigte an, ein Untersuchungsteam nach Wuhan zu schicken. Die «Umstände, welche die Massen in Bezug auf Dr. Li Wenliang gemeldet hatten»[1], sollten untersucht werden – ein Parteisprech, der wenig Hoffnung auf Aufklärung und Transparenz verhieß. Im Internet brodelte es weiter: Es kursierten Posts mit dem chinesischen Hashtag #wirwollenMeinungsfreiheit und Aufrufe zu Aktionen, eine Pfeife für Li (den Whistleblower) zu blasen. Die Zensoren begannen nun, Posts rigoros zu löschen – auch wenn sie eine Weile brauchten, um den daraufhin erneut aufwallenden Frust zu kontrollieren. Irgendwann ebbte die Welle der Empörung ab, wohl auch weil SARS CoV-2 sich mehr und mehr ausbreitete.[2] Rückblickend war dies der Beginn einer Spirale von Aufbegehren und Unterdrückung, welche die

Pandemie-Zeit in China geprägt hat. Die immer wieder unterdrückte Unzufriedenheit und Frustration von chinesischen Bürgern mit ihrer Regierung führte schließlich zu den Straßenprotesten in mehreren Großstädten Chinas im November 2022. Der Anlass, der das Fass zum Überlaufen brauchte, war der Feuertod von mindestens 10 Menschen in einem Hochhaus in Urumuqi, Hauptstadt der autonomen Region Xinjiang im Nordwesten der Volksrepublik. Menschen in Shanghai, Beijing und über ein Dutzend anderer Städte veranstalteten daraufhin Trauerkundgebungen und forderten ein Ende der strikten und oft willkürlichen Covid-Maßnahmen. Teilweise erklangen auch Rufe nach Meinungsfreiheit, Rechtsstaatlichkeit, Menschenwürde und dem Rücktritt von Partei- und Staatschef Xi Jinping.

Die ebenso packende wie dramatische Geschichte des Arztes Li Wenliang und dem Beginn der Covid-Pandemie in China passt zu der Perspektive, mit der Beobachter in liberalen Demokratien oft auf Digitalisierung und Gesellschaft in der Volksrepublik China schauen: Sie verstehen sie als in und durch digitale Medien ausgetragene Machtkämpfe zwischen Herrschern und Beherrschten.[3]

Genauer gesagt existieren im chinesischen Kontext drei große Deutungsansätze; die ersten beiden Ansätze finden sich auch in einer grundsätzlichen Debatte um die Rolle von digitalen Technologien wider.[4]

Deutungsansatz Nr. 1: Internet bzw. soziale Medien als Befreiungsinstrument

Einzelne aufrechte Bürger – inmitten einer aus Sicht von liberalen Demokratien oft durch Gehirnwäsche und Gleichgültigkeit gezeichneten chinesischen Bevölkerung – nutzen das Internet, um Anliegen rund um Freiheit, Gerechtigkeit und Demokratie vorzutreiben. Mit Hilfe sozialer Medien mobilisieren sie eine breite Unterstützung ihrer Mitmenschen, die sich dann und wann auch in Protestaktionen in der Offline-Welt zeigt.

Diese Deutung ist seit der Machtübernahme des amtierenden Partei- und Staatschefs Xi Jinping in unserer Wahrnehmung zunehmend verblasst. Denn solche engagierten und mutigen Bürger werden schnell verhaftet und verurteilt, manchmal begleitet von einem noch kurzen Aufflammen des Protests ihrer Mitstreiter und Sympathisanten. Dass aber digitale Proteste dennoch nicht abreißen, und immer wieder neue Themen und Formen findet, wird übersehen. Die landesweite Protestwelle im November 2022 war diesbezüglich eine hilfreiche Lektion.

Deutungsansatz Nr. 2: Digitale Technologie als Machtinstrument

Der Parteistaat setzt digitale Technologien als smartes, effizientes Herrschaftsinstrument zur umfassenden Kontrolle über nahezu alle Lebensbereiche seiner Bürger ein. Die Behörden können nicht nur mitlesen, was Menschen wie Dr. Li Wenliang in Chatgruppen schreiben, sondern nutzen Tracing-Apps, Mechanismen der Gesichtserkennung, aber auch ganz basale Überwachungskameras, um umfassende Profile von Bürgern zu erstellen.[5] Zudem zensieren sie nicht nur systematisch soziale Medien, sondern lancieren auch zunehmend geschickt verpackte Propaganda der Regierung.

Beobachter aus liberalen Demokratien sind darüber uneins, wie effizient dieses digitale Herrschaftssystem ist – und einige fragen, ob man es verurteilen oder eher bewundern sollte.

Laut manchen Forschern akzeptiert ein großer Teil der chinesischen Gesellschaft beispielsweise die lokalen Pilotprojekte des sozialen Bonitätssystems oder steht ihnen zumindest gleichgültig gegenüber. Digitale Technologien werden, so die Ansicht, in der chinesischen Gesellschaft durchaus auch als Problemlöser angesehen.[6] Laut anderen Studien gibt es durchaus signifikante Bedenken in Bezug auf den mangelnden Schutz von personenbezogenen Daten oder den Missbrauch von digitalen Technologien durch den Staat.[7]

Deutungsansatz Nr. 3: Digitale Technologien als Verstärker von Nationalismus

Chinas Internetnutzer begeistern sich immer wieder für nationalistische Stimmen und Stimmungen, und steigern sich in nahezu rauschartige Zustände hinein. Dies kann sich an unterschiedlichen Phänomenen entzünden, seien es territoriale Streitigkeiten mit dem Nachbarn Japan, als rassistisch empfundene Werbevideos von ausländischen Unternehmen mit chinesischen Protagonisten, Unterstützung für Proteste in Hongkong durch dortige Sänger, oder auch der Besuch von hochrangigen ausländischen Politikern auf Taiwan, welcher als Herausforderung des Status der Insel als Teil der Volksrepublik betrachtet wird. Parteistaatliche Institutionen, einzelne Meinungsführer, Medienunternehmen und Algorithmen tragen jeweils zur Entstehung und Entwicklung solcher nationalistischen Wellen im Internet bei.

Forscher haben darauf hingewiesen, dass es durchaus unterschiedliche Spielarten eines digitalen Nationalismus bzw. verschiedenen Nationalismen je nach Auslöser und/oder Interessen der Akteure, gibt.[8]

Diese drei Deutungsansätze und die damit verbundenen Perspektiven auf Chinas Gesellschaft im Kontext der Digitalisierung sind ohne Frage wichtig und wertvoll. Auffällig ist, dass Chinas Menschen in allen drei Ansätzen oft nur als unterstützende Masse, getriebene Mitläufer oder heroische Einzelkämpfer vorkommen. Aber auch in der Volksrepublik China haben Menschen Digitalisierung auf unterschiedliche Art und Weise aktiv mitgestaltet. Die skizzierte binäre, antagonistische Perspektive zwischen Parteistaat und Gesellschaft weist in ihren verfeinerten Variationen eine Reihe von Ambivalenzen und Brüchen auf, die auf nuancierte und komplexere Dynamiken hindeuten. Studien in anderen Länderkontexten haben dies bereits deutlich gemacht.[9]

Folgt man Ansatz 1, so sehen sich beispielsweise chinesische Journalisten, besorgte Studierende oder schlecht bezahlte Arbeiter zuallererst als Vertreter legitimer Interessen und nicht als aktiv gegen die Regierung vorgehende Bürger. Die digitale Aufmerksamkeit und Unterstützung sowie die Möglichkeit der Vernetzung macht sie aber aus Sicht der chinesischen Regierung zu Herausforderern des herrschenden Systems mit seinem allumfassenden Machtanspruch. Neben Einzelnen und Interessensgruppen können auch nicht organisierte Kollektive in und durch digitale Medien als spontane Handelnde sichtbar werden. So geschehen im Rahmen eines ersten hochrangigen Regierungsbesuchs in Wuhan seit Ausbruch der Pandemie Anfang März 2020: Eine Delegation der damaligen Vize-Premierministerin Sun Chunlan lief durch ein Wohnviertel, um die erfolgreiche Bekämpfung und Unterstützung der Verwaltung zu inspizieren. Währenddessen öffneten Bürgerinnen und Bürger plötzlich ihre Fenster, schrien «fake, alles fake hier», nahmen dies mit ihren Smartphones auf und verbreiteten es über soziale Medienkanäle.[10]

Auch in Bezug auf Ansatz 2 spielen der Faktor Mensch und die damit verbundenen sozialen Institutionen eine zentrale und komplexe Rolle bei der konkreten Implementation von digitaler Überwachung. Die nordwestliche Region Xinjiang (übersetzt «Neues Grenzgebiet») ist das erschütterndste Beispiel eines digitalen Überwachungslabors. Auf zentralisierten Datenbanken haben Verwaltungs- und Sicherheitsbeamte oftmals durch Zwangsmaßnahmen wie Speichelproben oder erzwungene App-Installationen eine Reihe von unterschiedlichen Informationen über Bürger, z. B. Bewegungsprofile, Sprachmuster oder DNA-Profile hinterlegt. Die Polizei hat Möglichkeiten und Anreize geschaffen, dass Nachbarn und Freunde weitere Beobachtungen und Informationen über andere melden können. Hierdurch sollen Hinweise auf «extremistische» oder «terroristische» Verhaltensweise gefunden werden. Allein Kontakte ins Ausland oder das Stehenlassen eines Barts wird als «gefährlich» eingestuft. Die Behörden nutzen dann diese Profile u. a. als Rechtfertigung für die Einweisung in ein Internierungslager. In geleakten und von Experten als echt befundenen Dokumenten über die systematischen Repressionen gegen die muslimische Minderheit der Uiguren finden sich Hinweise darauf, dass sich einzelne Kader geweigert haben, die grausame Politik zu vollstrecken.[11]

Für ihr ambitioniertes soziales Bonitätssystem wollte die chinesische Regierung eigentlich bis Ende 2020 zentralisierte Datenregister mit integrierten Datensätzen aus unterschiedlichen Quellen – etwa Mobilität, Steuern und Bezahlung – finalisiert haben. Dieser Plan ist gescheitert – es existieren teilweise überlappende Datenregister auf nationaler und subnationaler Ebene. Einzelne Behörden und insbesondere auch die IT-Unternehmen sind offensichtlich nicht ohne weiteres bereit, für sie wertvolle Daten in zentralisierte Datenregister einzuspeisen.

Auch Ansatz 3 enthält Nuancen und Ambivalenzen von Chinas Digitalisierung. Neben den häufig online verbreiteten Boykott-Aufrufen von chinesischen Netizens gegen koreanische, japanische oder auch US-amerikanische Marken – jüngst vor allem als Reaktion auf eine Kampagne ausländischer Firmen, sich wegen Hinweisen auf Zwangsarbeit von der Baumwollproduktion in Xinjiang zu distanzieren – tauchten auch Posts auf,

die auf einen Schaden durch Boykotte für chinesische Angestellte und die eigene Wirtschaft hinwiesen. «Was ist hier wirklich patriotisch?», fragten solche Nutzer.[12] Nach Online-Diskus-
sionen über eine grundsätzliche Unterscheidung zwischen «das
Vaterland lieben» (爱国 ài guó) und «die Partei lieben» (爱党 ài
dǎng) haben parteistaatliche Behörden oftmals ihre anfängliche
Unterstützung für nationalistisch motivierte Boykotte von ausländischen Unternehmen zurückgezogen. Richtig nervös werden Chinas Offizielle stets, wenn sich in die emotionalen Aufwal-
lungen Kritik an chinesischen Behörden mischt oder Fotos des
Staatsgründers Mao Zedong, heute nicht selten eine Art Protest-
ikone der chinesischen Altlinken bzw. der Arbeiterklasse, auftauchen.

Was all diese Differenzierungen deutlich machen: Eine umfassende Bestandsaufnahme und Analyse der Digitalisierung im
Kontext der chinesischen Gesellschaft muss über die Narrative
von einsamen Helden, übermächtigen Überwachungsstaat und
emotionalisierter Masse hinausgehen.

In der Tat machen auch in der Volksrepublik Individuen einen
großen Unterschied – nicht zuletzt im Kontext der Digitalisierung. Die zu Beginn dieses Kapitels erzählte Geschichte des Arztes Li Wenliang kennt noch weitere bekannte und unbekannte
Protagonisten: etwa die Person, die Lis geteilte Informationen
erstmals von der geschlossenen WeChat-Gruppe auf der öffentlich einsehbaren Plattform Sina Weibo postete, dann die dortigen Zensoren, welche diese Information zunächst stehen ließen,
die lokalen und später nationalen Zuständigen der Propaganda-
und Sicherheitsbehörden, die Betreiber der entsprechenden
Soft- und Hardware der Plattformen sowie zuletzt die auch nach
seinem Tod immer noch Botschaften auf Lis Sina Weibo-Konto
hinterlassenden Netzbürgerinnen und -bürger. Sie alle agieren
als Teil eines mal mehr, mal weniger organisierten Kollektives

mit gemeinsamen, aber ebenso nicht selten mit sich wandelnden und in sich widersprüchlichen Interessen. Deshalb können digitale Technologien in China sowohl Befreiungs- als auch Macht- und Ohnmachtsinstrumente sein.

Es ist diese Perspektive der Ambivalenz, dieses Mit- und Gegeneinander, welche ein tieferes Verständnis von Chinas Digitalisierung in seinen sozialen Kontexten und Auswirkungen ermöglicht. Sie verlangt, dass (scheinbar) widersprüchliche Phänomene nicht um der besseren Erklärbarkeit willen aufgelöst, sondern als Dynamik einer sich gegenseitig begrenzenden und nährenden Entwicklungen stehen gelassen werden. Es geht nicht um eine Verschleierung von Ursachen und Wirkungen oder um ein Ausweichen vor klaren Analysen und Urteilen. Es geht darum, auch in Bezug auf die Digitalisierung in China Menschen und ihre Ambivalenzen wahr- und ernst zu nehmen.

Digit@l China ist menschengemacht und vor allem sehr wesentlich auch von nicht-parteistaatlichen Akteuren (mit)gestaltet worden. Diese werden in einer nicht unumstrittenen Abgrenzung[13] von sozialen Akteuren qua ihrer Position als Vertreter der parteistaatlichen Macht definiert. Chinas Digitalisierung ist in diesem Sinne eine Ko-Produktion zwischen digitaler Technologie sowie mit ihr verbundenen Strukturmerkmalen und Prozessen, zwischen Menschen als handelnden Subjekten in ihren jeweiligen politischen, sozio-ökonomischen und kulturellen Subsystemen und den damit verbundenen Ressourcen.

Digitalisierung wird im Kontext dieses Buches allgemein und breit verstanden als eine binär ausdrückbare (0–1), «dataisierte» Dynamik, die Objekte ebenso wie Menschen und was sie ausmacht, leichter transportierbar macht, somit beschleunigt, entgrenzt, vernetzt und fragmentiert zugleich.

In der Volksrepublik ist dieser Prozess der Digitalisierung seit Ende der 1990er Jahre vor allem durch drei Besonderheiten geprägt, die sich jeweils wiederum durch eine ambivalente Dynamik auszeichnen.

1. Dominanz kommerziell-agierender Unternehmer bei der Digitalisierung von wirtschaftlichen und sozialen Sektoren am langen Arm des Parteistaates

Unterstützt und gefördert durch parteistaatliche Ressourcen avancierten insbesondere die drei großen IT-Unternehmen, die alle Ende der 1990er Jahre gegründet wurden und gemeinsam als BAT (Baidu, Alibaba, Tencent) bezeichnet werden, schnell zu Motoren einer dynamisch wachsenden digitalen Wirtschaft in China. Alibaba-Chef Jack Ma, Tencent-Gründer Pony Ma, oder Baidu-CEO Robin Li wurden zu Vertretern eines «chinesischen Traums» und zu Vorbildern für ganze Generationen. Gerade der frühere Englisch-Lehrer Jack Ma zeigte die Möglichkeit zu einem neuen Lebensweg für viele auf: Erfolg lässt sich auch außerhalb von studierter Fach-Expertise oder einer Kaderkarriere erzielen – mit einer überzeugenden Idee und den richtigen Kontakten.

Alle diese Firmen sind mehr oder weniger aktiv Bündnisse mit parteistaatlichen Behörden und Unternehmen eingegangen. Beispielsweise wären sie ohne den Protektionismus der chinesischen Regierung, die u. a. ausländische Konkurrenz vom heimischen Markt fernhielt, nicht so schnell gewachsen. Beijing erlaubte den IT-Unternehmen zudem, über eine sogenannte Variable Interest Entity (VIE) registriert auf den Cayman Islands ausländisches Kapitel an internationalen Börsen aufzunehmen.

Für ihre Reputation als private Unternehmen haben ihre Verbindungen zur Partei jedoch immer eine untergeordnete Rolle gespielt. Die insbesondere für den digitalen Infrastrukturbereich relevanten staatlichen Firmen haben innerhalb der öffentlichen Wahrnehmung und Diskussion nie den Stellenwert der kommerziell geführten Unternehmen erreicht. Diese ähnlich wie in den USA zunehmend als Plattformen expandierenden Unternehmen haben nicht nur bestehende Lücken im Bereich des Dienstleistungs- oder Finanzsektors genutzt, sondern auch parteistaatliche Angebote und Loyalitäten ersetzt. Für viele Konsumenten haben die IT-Unternehmen erstmals Produkte des Selbstverwirklichung und -darstellung geboten. Jüngst sind Alibaba und Co den chinesischen Behörden zu einflussreich und zu unabhängig geworden. Deshalb hat Beijing seit Winter 2020 im Namen der Anti-Monopolgesetzgebung eine Art Feldzug gegen ihre einstigen Zöglinge gestartet.[14]

2. Große Neugierde und hohe Akzeptanz von digitalen Produkten und Dienstleistungen bei wachsenden Bedenken bzgl. der Privatsphäre

Die enorme Durchdringung der Digitalisierung vor allem in wirtschaftlichen, aber auch sozialen Lebensbereichen lässt sich auch durch mangelnde bzw. wenig ausgeprägte konkurrierende Offline-Angebote erklären. Hier ist die Volksrepublik kein Einzelfall. Zudem spielt das Timing eine Rolle: China wurde 2001 in die WTO aufgenommen, womit eine – ähnlich wie zuletzt Mitte der 1980er Jahre – neue Phase der Öffnung nicht nur für ausländisches Kapital, sondern auch für ausländische Ideen und Lebensformen entstand. Unterschiedliche gesellschaftliche Akteure, sowohl in den größeren Städten, aber auch auf dem Land, erlebten eine Aufbruchsstimmung. Chinesische Unternehmen adaptierten Produkte und Geschäftsmodelle aus dem Ausland und schufen neue Kommunikationskanäle und Foren des Austauschs. Neben neuen Lebenswegen entdeckten Menschen auf Diskussionsplattformen, in Computerspielen oder durch Blogs neue Möglichkeiten der Identitätsgestaltung sowie Kommunikations- und Interaktionsformen. Inmitten dieser Begeisterung verschafften sich jedoch auch mahnende Stimmen Gehör, die auf mögliche destruktive Folgen von digitalen Technologien wie u. a. Datenmissbrauch hinweisen. Chinas Nutzer der Gesundheitsapp reagierten erst fassungslos, dann mit Wut, als bekannt wurde, dass Behörden in der zentralen Provinz Henan die Gesundheitsapp dazu nutzten, um Betroffene von einem Bankskandal «rot» zu schalten und damit an Straßenprotesten zu hindern.[15]

3. Zunächst Toleranz und Offenheit, später systematische Förderung und Instrumentalisierung von digitalen Technologien durch die kommunistische Partei

Der damalige Partei- und Staatschef Jiang Zemin traf Ende der 1990er Jahre die im Rückblick weitsichtige Entscheidung, das Internet als ein Teil bzw. Beförderer der «fortschrittlichen Kultur» zu definieren. Somit hatten die Menschen in China rund zwei Jahrzehnte lang nahezu ungehinderten Zugang zu Content und Technologien der internationalen Staatengemeinschaft. Die chinesische Regierung verfolgte und förderte mit der Digitalisierung vor allem wirtschaftliche Interessen und sah privaten Profit als produktive Entwicklung eines neuen dynamischen Wirtschaftssektors.[16]

Als zu Beginn der 2000er Jahre ein Teil der chinesischen Gesellschaft soziale Medien in Kombination mit Handys als Mittel des Protests gegen soziale und politische Ungerechtigkeit entdeckte, sah die damalige Regierung unter dem Parteichef Hu Jintao dies zunächst als Chance, lange überfällige soziale Reformen anzustoßen. Erst als sich im Umfeld der Olympischen Sommerspiele 2008 in Beijing eine breitere Allianz verschiedener Kräfte bildete und ein umfassendes Programm für politische Reformen – die sogenannte Charta 08 – veröffentlichte, begann die Parteiführung, den internationalen Ideen- und Informationsfluss einzuschränken. 2009 sperrten die Behörden Twitter und Facebook und begannen systematisch in eigene digitale Technologien zu investieren. Eine Entwicklung, die bis heute anhält und durch die zunehmende «Entflechtung» (decoupling) mit den USA noch an Fahrt aufgenommen hat.

Chinas Digitalisierung betrifft auch unsere Gesellschaft in mehreren Hinsichten und sollte uns auch betroffen machen. Über die wichtige Ebene der technologischen Abhängigkeiten und den damit verknüpften geopolitischen Konflikten hinaus sehen wir uns in Deutschland und Europa vor allem einer zunehmenden auch digitalen Einflussnahme von Seiten chinesischer parteistaatlicher Akteure ausgesetzt – mit dem Ziel, unsere freiheitlich-liberalen Demokratien propagandistisch zu attackieren und zu diskreditieren. Die unter Jugendlichen sehr beliebte chinesische Video-App TikTok beschert uns durch ihren ausgefeilten Algorithmus gut optimierte, schnell abhängig machende Inhalte – eine digitale Verstärkung unser eigenen hyperkapitalistischen und -individuellen Verhaltensweisen. Seltener thematisierte Herausforderungen sind u. a. der generelle Umgang mit chinesischen Talenten im Bereich der Digitalisierung zwischen radikaler Aussperrung und naiver Anwerbung sowie die erschwerte Kommunikation zwischen Menschen in Europa/USA und China durch die zunehmende Entkoppelung von technologischen Kommunikationsplattformen (z. B. WeChat vs. Signal). Bedeutung hat auch unsere Positionierung gegenüber der chinesischen Regierung, die eine gemeinsame Problemanalyse und Handlungsoptionen beschwört, wenn sie z. B. nationale «Cybersouveränität» fordert oder bei der Entwicklung von ethischen Standards für Künstliche Intelligenz Worte wie «Rechtsstaat» oder «Menschenrecht» in ihrem totalitären Kontext verdreht. Bei vorhandenen gemeinsamen Problemstellungen im Bereich grenzüberschreitender Datentransfers oder Offenlegungspflichten von Algorithmen gilt es besonders kritisch zu fragen, ob es sich aus Sicht Beijings um eine Instrumentalisierung von Konzepten für ihren Machterhalt oder selbstkritische/aufklärerische Auseinandersetzung mit einer komplexen Realität handelt.

Das vorliegende Buch stellt zentrale (Mit-)Macher der digitalen Dynamik in China in den Mittelpunkt. Auf Basis von öffentlich zugänglichen Informationen werden die Biographien von ausgewählten Personen als Teil einer sozialen Gruppe bzw. Lebenswelt beschrieben.[17] In die biographischen Nachzeichnungen werden Hintergrundinformationen und analytische Einordnungen eingeflochten.

Die Autorin erhebt mit der Auswahl keinen Anspruch auf Repräsentativität. Aus ihrer Sicht weisen die Menschen typische Merkmale der durch sie so beschriebenen Lebenswelt auf. Die ausgesuchten Lebenswelten sind nach Ansicht der Autorin ebenfalls prägend für die Digitalisierung Chinas, auch wenn sie diese ebenfalls nicht repräsentativ oder gar vollständig abbilden können.

Dieses Buch versteht den Menschen als denkende, fühlende und handelnde Einheit, sowohl miteinander als auch mit digitalen technologischen Gefügen interagierend.[18] Die Periode seit dem Machtantritt des amtierenden Partei- und Staatschefs Xi Jinpings 2012 bis heute bildet den primären Betrachtungszeitraum. Rückgriffe in die jüngere Geschichte Chinas werden immer dann vorgenommen, wenn sie wichtig für das Verständnis der aktuelleren Entwicklungen sind.

Konkret stehen folgende Fragen im Mittelpunkt:
– Welche Akteure gestalten Chinas digitale Transformation?
– Über welche Ressourcen verfügen sie?
– Wo findet Empowerment statt und wo Entfremdung bzw. Machtlosigkeit?
– Wo entstanden Vernetzungen und kollektives Handeln? Welche Fragmentierung und Konflikte lassen sich beobachten?

– Welche Faktoren und Trends werden die zukünftige Entwicklung beeinflussen?

Die folgenden sieben Kapitel nehmen jeweils eine für Chinas Digitalisierung relevante soziale Lebenswelt und zwei bis drei ihrer Protagonisten in den Fokus.

Kapitel 2 beschäftigt sich mit den Planern und Ausführenden der Digitalpolitik – Chinas Kader und Beamte. Wie keine zweite Führung hat die chinesische Regierung die Bedeutung und die Möglichkeiten von digitaler Technologie als Herrschaftsinstrument erkannt und systematisch eingesetzt. Konkurrierende Interessen einzelner Behörden und Beamter sowie überambitionierte Pläne erschweren dennoch immer wieder eine fehlerfreie und lückenlose Umsetzung von Chinas digitalpolitischen Zielen.

Die Profiteure, aber auch Herausforderer dieser Entwicklung, Chinas digitale Privatunternehmer, stehen im Zentrum von Kapitel 3. Kaum eine andere Gruppe hat die Digitalisierung so sehr vorangetrieben wie Chinas kommerziell agierende Geschäftsleute. Sie stecken in einer zweischneidigen Verbindung mit der chinesischen Regierung: diese hat sie vor ausländischer Konkurrenz geschützt und so groß gemacht. Doch jüngst werden chinesische IT-Unternehmen gegängelt und eingeschränkt.

Kapitel 4 beschäftigt sich mit den Entwicklern und Zuarbeitern – Chinas IT-Ingenieure und Softwareentwickler. Top-IT-Talente sind auch in China sehr gefragt und gut bezahlt. Beijing lockt sie mit viel Geld und Arbeitsbedingungen nach Wunsch zurück ins Heimatland. Doch manche von ihnen stellen die Frage nach dem Sinn – sowohl in Bezug auf ethisches Design als auch das eigene, nur durch Arbeit geprägte Leben.

Die Engagierten und Unterdrückten, Chinas Aktivisten und Bürgerrechtler, sind Gegenstand von Kapitel 5. Räume für freie Meinungsäußerung und Vernetzung von Gleichgesinnten hat die chinesische Regierung sukzessive eingeschränkt. Mit cleveren Wortspielen und mutigem Trotz durchbrechen Aktivisten und Bürgerrechtler dennoch immer wieder das Schweigen und die Zensur. Investigative Journalisten, Leiter von NGOs für die Rechte von Wanderarbeitern oder Pastoren von Online-Gemeinden schaffen für sich und ihre Gemeinschaften mit Hilfe von digitalen Technologien trotz zunehmender Verfolgung immer wieder zumindest temporäre Räume des Austauschs und Engagements.

Die Rauschsüchtigen und Spieler, Chinas Käufer und Konsumenten, stehen im Zentrum von Kapitel 6. Kollektiver Kaufrausch am 11.11. – Chinas Black Friday – ist ein Muss für viele Chinesen. Die staatlich erlaubte, nahezu grenzenlose Freiheit des Konsums kann aber auch die Zensoren auf den Plan rufen, wenn es zu Boykottaufrufen gegen ausländische Waren kommt. Auch Spiele und TV-Serien müssen sich zunehmend auf das Label «parteipatriotisch und nur dann genehm» prüfen lassen.

Kapitel 7 thematisiert die schwarzen Schafe und die Rebellen – Chinas Wilde und Kriminelle im Kontext der Digitalisierung. Auch in der Volksrepublik gibt es ein «Dark Net» mit unterschiedlichen Tätigkeitsfeldern, Motivationen und Netzwerken. Über Hacker-Netzwerke, oftmals im Kontext des chinesischen Militärs, gibt es nur wenige, fragmentierte Informationen. Die chinesische Regierung ringt noch mit ihrem Verhältnis zu aus ihrer Sicht zu ‹wilden› Technologien wie Blockchain oder darauf basierenden Kryptowährungen und -kunstwerken. Sie sind innovativ und lukrativ, aber aus Sicht Beijings nur schwer vollständig zentralisiert zu kontrollieren.

Das abschließende Kapitel 8 macht den Schritt hin zu uns hier in Deutschland und Europa und beschreibt Grenzgänger der Digitalisierung – Chinesinnen und Chinesen im Ausland bzw. Taiwans Digitalministerin. Für sie dienen die virtuellen Weiten dazu, Grenzen zu überwinden bzw. Verbindungen zu ihrer Heimat aufrecht zu erhalten oder ganz neue Akzente zu setzen. Allerdings spüren sie zunehmend die neuen Grenzen der technologischen Entkoppelung zwischen China und den USA in der Nutzung von unterschiedlichen Digitalsystemen. Wir müssen die digitalen Ambitionen der chinesischen Regierung ernst nehmen. Vor allem aber sollten wir andere relevante Macher und Mitgestalter der Digitalisierung kennen und, wenn es sinnvoll und möglich ist, mit ihnen ins Gespräch kommen – sei es real oder ideell in einem inneren Dialog. Denn von ihnen können wir sehr viel lernen, auch in Bezug auf unseren Umgang mit den oft ambivalenten Auswirkungen von Digitalisierung, deren Widersprüche es nicht immer aufzulösen, sondern auszuhalten gilt.

2.

Planer und Umsetzer

> «Mein Ausgangspunkt [im Blick auf das soziale Bonitäts-system] war mit der Hoffnung verbunden, dass der Staat gute Bedingungen schafft, die es uns Unternehmern er-möglichen, innovativ zu sein.»[1]
>
> *Huang Wenyu, Unternehmerin und ‹Mutter› des*
> *chinesischen sozialen Bonitätssystems*

Als «talentiert und trickreich» (auf Chinesisch wörtlich: «lange Ärmel (der traditionellen chinesischen Gewänder) helfen beim Tanzen») haben frühere Arbeitskollegen den späteren «Inter-netzar» Lu Wei beschrieben. Lu war der erste Chef von Chinas Cyber Administration (CAC). Unter Lu ist die Behörde zur zen-tralen Schaltstelle für Chinas Digitalpolitik geworden.

Was talentiert und trickreich genau meint, hat der Medienver-treter He Pin beschrieben. He begegnete Lu mehrmals in dessen beruflicher Anfangszeit als Journalist und später als Leiter des Büros der parteistaatlichen Nachrichtenagentur Xinhua in der südwestlichen Provinz Guangxi. Lu habe gerade einen guten Freund beim Einchecken ins Hotel begleitet, da ließ er sich kurz entschuldigen, um «sich um jemanden zu kümmern», so schrieb He.[2] Dieser Jemand war der Sohn des ehemaligen Xinhua-Büro-leiters der Provinz, der aus der Hauptstadt Beijing zu Besuch kam. Obwohl der Sohn sagte, dass er keine Sonderbehandlung wolle, ließ sich Lu dies nicht nehmen. So «kümmerte» sich Lu um viele Führungskader aus Beijing, die gern für einen Kurztrip in die malerisch gelegene, fast tropische Hauptstadt Guilins kamen.

Lu selbst hatte sich mit 20 Jahren auf den Weg nach Guilin ge-macht. Er kam 1960 in einer für chinesische Verhältnisse kleinen (heute rund 36 000 Einwohner) Gemeinde Miaogang in der zentralöstlichen Provinz Anhui zur Welt. Nach Ende der Kulturrevolution arbeitete Lu zunächst als Lehrer in seiner Heimat. Mit 20 Jahren verließ er Anhui und ging in die 1200 Kilometer südwestlich gelegene Großstadt Guilin. In einer Fabrik für Druckwerkzeuge arbeitete sich Lu vom Fließband in die Propagandaabteilung hoch und durfte anschließend ein Studium an der Guangxi Rundfunk- und Fernsehuniversität absolvieren. Lu wechselte als Mitarbeiter an das Mittlere Volksgericht der Stadt und begann als Reporter der «Guangxi Justiznachrichten» zu arbeiten. Im Februar 1991 wurde er in die Kommunistische Partei Chinas (KPC) aufgenommen und ins städtische Büro der parteistaatlichen Nachrichtenagentur Xinhua befördert. Dort war Lu überaus produktiv, er soll pro Jahr rund 500 Artikel geschrieben haben und gewann mehrere Preise für seine Berichte. Ersten Ruhm erlangte er für seine schnelle Vor-Ort-Berichterstattung nach einer Flugzeugkatastrophe im Jahr 1992: Lu war als erster vor Ort und konnte so das parteistaatliche Narrativ von Rissen im Flugzeug prägen (entgegen der Berichterstattung von ausländischen Medien, die von einer Entführung sprachen).

Lus Fleiß und sein Talent zur Beziehungspflege waren vermutlich zentrale Faktoren für seine Versetzung nach Beijing 2001. Dort erklomm Lu die Karriereleiter der Xinhua-Nachrichtenagentur und absolvierte zudem ein Management-Masterstudium an der durch die Partei betriebenen Volksuniversität (Renmin University). Lu und einem von ihm aufgebauten Team innerhalb Xinhua wird die volksnahe, emotional bewegende mediale Darstellung des damaligen Ministerpräsidenten Wen Jiabao, insbesondere bei Katastrophen, zugeschrieben. 2011 beförderte die für Personalpolitik verantwortliche Organisationsabteilung der KPC Lu Wei zum Propagandachef und Vize-Bürgermeister der Beijinger Stadtregierung. Nach zwei weiteren

Jahren stieg Lu zum Chef der Vorläuferorganisation der CAC auf. Eine Bilderbuch-Karriere für den damals 53-Jährigen aus einfachen Verhältnissen.

Lu wirkt auf Bildern und Videos von öffentlichen Aufritten immer imposant und charismatisch. Er liebte die große Bühne. Doch dann kam der Fall: Nur vier Jahre später, im November 2017, veröffentlichte die parteiinterne Disziplinarkontrollkommission das vernichtende Ergebnis einer rund fünf Monate lang andauernden Untersuchung gegen Lu:

«Lu Wei verstieß in schwerwiegender Weise gegen die politische Disziplin und die politischen Regeln; er war ein subversives und betrügerisches Mitglied der Zentralregierung; er hielt sich nicht an die Regeln und handelte rücksichtslos; er diskutierte absichtlich über die Zentralregierung; er störte die Kontrolle der Zentralregierung; er war ehrgeizig und nutzte öffentliche Instrumente für persönliche Zwecke; er nutzte jedes Mittel, um persönliche Macht zu erlangen; er ist von schlechtem Charakter und beschuldigte andere anonym zu Unrecht; er betrieb Cliquenwirtschaft und schmiedete ‹Insider-Kreise›».[3]

Nachdem Lu die Parteimitgliedschaft entzogen und somit seine Immunität aufgehoben worden war, übergab die parteiinterne Disziplinarkontrollkommission Lus Fall an die staatliche Justiz. Am 26. März 2019 verurteilte das Volksgericht der Küstenstadt Ningbo (östliche Provinz Zhejiang) Lu zu einer Geldstrafe von 3 Millionen Yuan (damals rund 400 000 Euro) und 14 Jahren Haft. Lus Geständnisbrief war interessanterweise bereits im November 2018 in der Ausstellung «Großartige Veränderungen – Jubiläumsausstellung zu 40 Jahren Reform und Öffnungspolitik» des Beijinger Nationalmuseums zu lesen.

Die Geschichte vom Aufstieg und Fall des Lu Wei zeigt zentrale Herausforderungen der chinesischen Digitalpolitik und erklärt ihre oft ambivalente Wirkung. Grundsätzlich ist auch eine zentralisierte, langfristige geplante Politik nur so gut, sprich wirkungsvoll, wie die Personen, die für ihre Durchsetzung verantwortlich sind.

Ein besonderes Problem im Kontext des leninistischen Kadersystems der Volksrepublik: Voraussetzungen für eine Karriere innerhalb der Parteihierarchie sind – neben Fleiß und grundlegender Sachkompetenz – vor allem die Fähigkeit, sich durch «Sonderbehandlungen» und Loyalitätsbekundungen Freunde zu machen und Macht, sei es qua Amt, durch Gefälligkeiten oder erworbene Insiderinformationen, erpresserisch einzusetzen. Es sind aber genau diese Fertigkeiten, die Kader in Führungspositionen dazu verleiten, eigenmächtige Entscheidungen zu treffen und teilweise Sachlagen falsch einzuschätzen. Letztlich führt dies dazu, dass sie ihren Vorgesetzten zu eigenwillig werden und sie dann fallen gelassen werden. Das hohe Risiko, direkt und indirekt, z. B. durch (ehemalige) politische Verbündete und Vorgesetzte, in Ungnade zu fallen und verurteilt zu werden, erhöht wiederum den Anreiz, sich während der eigenen aktiven Zeit möglichst viele Vorteile für sich und seine Familie zu sichern.

Genau das hat Lu getan, auch wenn es wohl mehrere Vorfälle waren, die Unmut innerhalb der Führungsriege erregt hatten und zu seinem Fall führten. Lu hatte Chinas erste «World Internet Conference» 2014 gleich doppelt vermasselt: Zunächst platzte die von oben gewünschte, freiwillige Zustimmung von ausländischen Akteuren zu einer Abschlussvereinbarung über «Internetsouveränität» und die Verbreitung von «positiver Energie» (das heißt vor allem Zensur von für die KPC «negativen» Inhalten). Dies wohl auch, weil Lu die Vereinbarung erst in der Nacht zuvor mit der «Bitte um Zustimmung» unter den Hotelzimmertüren der ausländischen Gäste hatte hindurchschieben lassen. Zudem hatte er Ausländer dafür bezahlt, sich als CEOs von multinationalen Firmen auszugeben, um der Konferenz mehr internationales Flair zu verleihen. Dies missfiel laut Medienberichten Xi Jinping höchstpersönlich.[4] Lu war 2014 und 2015 viel durch die Welt gereist und wurde 2015 vom US-amerikanischen Magazin «Times» zu einer der 100 einflussreichsten Personen des Jahres gekürt. Neid und Missgunst innerhalb des Parteiapparats dürften vorprogrammiert gewesen sein. Hinzu kamen offenbar handfeste Beweise für einen sehr ausschweifenden Lebensstil, inklusive Sexparties, welche die Diziplinarkontrollkommission gegen Lu verwendete.

Überseechinesische Webseiten ordnen Lus Fall in einen anhaltenden Kampf der unterschiedlichen Machtfaktionen innerhalb der Partei ein – eine für die gesamte chinesische Politik wichtige, aber aufgrund mangelnder handfester Beweise auch nicht unproblematische Perspektive. Lu hätte immer wieder gegen Xi Jinping opponiert, ihm nicht nur bestimmte Informationen vorenthalten, sondern den Parteichef mit der bewussten Einschleusung eines schlampig schreibenden, hoch aggressiven Internetkommentators namens Zhou Xiaoping auf dem von Xi Jinping neu initiierten, historischen Forum für Kunst und Literatur in der Revolutionsbasis Yan'an zu diskreditieren versucht.[5] Lu hätte dies alles initiiert, da er ein Mitglied der Faktion des ehemaligen Parteichefs Jiang Zemin sei, die ihren Einfluss sichern wolle. Dabei sei es insbesondere um das Geschäftsimperium von Jiangs erstem Sohn, Jiang Mianheng, im Bereich des Informations- und Kommunikationssektors gegangen.

Diese teils spekulativen Ausführungen spiegeln sich auch in der Organisation, die Lu geprägt hat. Schon die Entstehung der CAC ist Sinnbild des internen Wettbewerbs um die Gestaltung der chinesischen Digitalpolitik. Die CAC hat ihren Ursprung in Chinas Propagandaapparat. Ihr Vorläufer, das Staatliche Büro für Internetinformationen existierte seit 2011 und war eine Unterabteilung des Informationsbüros des Staatsrates. 2013 bekam das Büro mit Lu einen eigenen Direktor plus später drei weitere Vize-Direktoren und somit mehr Eigenständigkeit und Sichtbarkeit.

Das Büro wurde zunächst 2014 als Sekretariat für eine koordinierende Führungsgruppe für Cyberspace-Angelegenheiten eingesetzt und erhielt auf Englisch die Abkürzung CAC. Der amtierende Parteichef Xi Jinping setzte eine solche Gruppe ein, um Kompetenzgerangel und Blockaden zwischen einzelnen Institutionen – in diesem Fall zwischen der zentralen Propagandaabteilung, dem Ministerium für Industrie und Informatisierung und dem Ministerium für Öffentliche Sicherheit – zu überwinden. Das CAC wurde per Staatsratsbeschluss im August 2014 für die Aufsicht über alle Online-Inhalte verantwortlich gemacht.

Lu hatte als eine seiner ersten Amtshandlungen zunächst versucht, die einflussreichsten Meinungsmacher des Landes auf die sogenannten «sieben Mindeststandards» zu verpflichten – eine euphemistische Formulierung für Zensur und «positive Inhalte» im Sinne der Parteilinie. Dies misslang und wenig später trat Lu eine erste Welle von Bestrafungen gegen führende Blogger und Influencer los.

Lu Wei wollte die CAC aber auch international als schlagkräftigen Akteur etablieren. Gegenüber ausländischen Gesprächspartnern machte er klar: «Cybersouveränität ist eine natürliche Ausweitung von staatlicher Souveränität im Cyberraum. Es ist die (...) externe Unabhängigkeit, die ein Staat über die Einrichtungen, Subjekte, Verhalten und Daten sowie Informationen eines Netzwerks in seinem Territorium genießt, basierend auf der staatlichen Souveränität.»[6] Ähnlich formulierte es auch Xi Jinping selbst während seiner Eröffnungsrede auf der World Internet Conference in Wuzhen, auf der er «Cyber-Hegemonie» und «Einmischung in innere Angelegenheiten» zurückwies.

Nachdem Lu 2016 gefeuert worden war, sollte sein Nachfolger

Xu Lin die CAC stabilisieren. Xu, seines Zeichens promovierter Ingenieur, hatte sich überwiegend in Shanghai als treuer Parteisoldat verdient gemacht. Während Xi Jinpings kurzer Zeit als Parteisekretär in Shanghai 2007 hatte Xu zudem als Vize-Propagandachef direkt mit Xi zusammengearbeitet.

Xu fehlte offensichtlich das Charisma von Lu, um der CAC seinen persönlichen Stempel aufzudrücken. Dies war aus Sicht der KP-Organisationsabteilung ein Vorteil: Unter Xu verabschiedete die CAC eine Reihe von regulativen Bestimmungen für Internetbetreiber und Online-Anbieter, welche den Zugriff der CAC zementierten. Xu wurde im Jahr 2018 an die Spitze des Büros für externe Propaganda versetzt, was sich durchaus als Beförderung verstehen lässt.

Im März 2018 wertete die Zentralregierung die CAC im Zuge einer umfassenden Verwaltungsreform zu einer eigenständigen Institution auf. Wie viele zentrale Institutionen der chinesischen Politik nutzt sie «zwei Schilder» – zum einen als staatliche Behörde (wörtlich «Nationales Büro für Internetinformationen») und zum anderen als «Büro der Zentralen Kommission für Cybersicherheit und Informatisierung», welches der KPC unterstellt ist. Xi Jinping persönlich steht dieser Kommission vor. Damit gingen auch weitere Kompetenzen an die CAC über, welche ursprünglich dem Ministerium für Industrie und Informatisierung zugeordnet waren, zum Beispiel das National Computer Network Emergency Response Technical Team. Ursprünglich primär für Netzinhalte verantwortlich, übernahm die CAC somit zunehmend die komplette Regulierung und Kontrolle der Bereiche Cybersicherheit, mobile Netze, Netzwerkdaten und -technologie sowie Gefahrenabwehr und Krisenmanagement.

All das passte zu Zhuang Rongwen, dem dritten Chef der CAC. Zhuang ist Ingenieur, aufgrund seiner Vergangenheit in Fujian und der dortigen Arbeit mit Xi Jinping persönlich bekannt.

Zhuang hat eine steile Karriere zunächst im Büro für Übersee-chinesen des Staatsrats und dann in der Propagandaabteilung hinter sich. Er war bestens geeignet, die neuen Zuständigkeiten der CAC mit Leben zu füllen.

Unter ihm hat die CAC ihre Kompetenzen nochmals ausge-weitet: Die Behörde ist u. a. auch damit befasst, die aus Sicht der Zentralregierung zu mächtig gewordenen IT-Unternehmen wie AntFinancial oder Tencent abzustrafen. Damit ist die Behörde das mächtigste Fachorgan im Kontext der chinesischen Digitali-sierung.

Die CAC ist subnational auf den Ebenen der regierungsunmit-telbaren Städte, der Provinzen und der autonomen Regionen sowie auf der Ebene von (größeren) Städten vertreten. Eine Be-gegnung mit rund einem Dutzend CAC-Büroleitern aus unter-schiedlichen Städten und Provinzen im Rahmen meiner Tätig-keit am MERICS im Jahr 2019 bot ein recht interessantes Bild: Alle Kader, überwiegend Männer, aber auch zwei, drei Frauen, stellten ihre Laptops und Handys auf den Tisch. Rund zwei Drit-tel von ihnen nutzen Produkte der Firma Apple. Darauf von mir angesprochen, machte sich eine Mischung von Schweigen und verlegenem Grinsen im Raum breit. Die Delegationsteilnehmer warfen sich Blicke zu, bis der Delegationsleiter selbst das Wort ergriff. Die Produkte seien nun mal einfach zuverlässig und auch ästhetisch ansprechend, sagte er. Damit war das Thema erledigt.

Das Selbstbewusstsein und die Spielräume für Kader auf Chinas subnationaler Ebene sind unter Xi Jinping merklich ein-geschränkt worden. Die vor allem zu Beginn der Amtszeit von Xi systematisch und massiv auf allen Ebenen initiierte Anti-Kor-ruptionskampagne hat eine Schockwelle durch die Verwaltungs-ebenen gejagt. Neben dem gewünschten Effekt der Offenlegung und Bestrafung führte die Kampagne aber laut Studien von Wis-senschaftlern auch zu einer politischen Lähmung bei der Umsetzung, sprich der konkreten Ausgestaltung von in der Regel sehr allgemein gehaltenen politischen Leitlinien und Gesetzen.[7]

Lokale Pilotprojekte haben auch im Bereich der Digitalpolitik eine wichtige Rolle gespielt. In der Zeit vor Xi Jinping setzten nationale Institutionen bewusst Anreize für Wettbewerb, Kreativität und Innovationsfreudigkeit von Kadern in Städten oder Kreisen. Dies betraf vor allem den Bereich E-Governance. Hier ist die VR China mit Blick auf führende europäische Länder wie Estland oder Dänemark zwar kein Pionier. Jedoch hat China die Digitalisierung von staatlichen Dienstleistungen in den letzten zwei Jahrzehnten mit einer enormen Geschwindigkeit vorangetrieben. Drei Faktoren fungierten als Treiber: Erstens, finanzielle Interessen von Kadern und Unternehmern, die von der zunehmenden Möglichkeit digitaler Dienstleistungen indirekt profitierten, zweitens, internationale Wettbewerbsfähigkeit, vor allem bei der Beantragung von Lizenzen und Genehmigungen für Unternehmen. Schließlich drittens, wollte die Regierung ihre Legitimität in Anbetracht von wirtschaftlichen Instabilitäten auf breitere Füße stellen, wenn nicht durch Mitbestimmung, so doch durch erleichterten, schnellen Service, gerade auch in Anbetracht der zunehmend mobileren und bequemere Möglichkeiten von kommerziellen Plattformen beim Einkauf, der Bezahlung etc.[8]

Schlechter Service oder auch nachlässige Kontroll- und Aufsichtspflichten zogen oft Nahrungsmittelskandale, Umweltkatastrophen, plötzliche Unfälle und somit lokale Proteste und Unzufriedenheit nach sich. Da durch solche Vorkommnisse aus Sicht der Zentralregierung schnell die Legitimität des gesamten Parteistaats angegriffen werden könne, erließ die Zentralregierung 2008 allgemeine Richtlinien zu «Open Government Information». Zahlreiche lokale Mechanismen entstanden, teils auf

Druck der übergeordneten Ebene, teils aus lokaler Eigeninitiative: Digitale Beschwerdeplattformen, KI-basierte Gerichtsprozesse und -urteile, Live-Sprechstunden zwischen lokalen Kadern und vorausgewählten Bürgern, soziale Medienauftritte von lokalen Polizei- und Propagandabehörden. Laut mehreren Studien erfüllten die Initiativen punktuell ihren Zweck als Feedbackkanal und brachten einzelnen Kadern sogar Beförderungen ein. Allerdings reagieren lokale Kader oft schneller und stärker auf Beschwerden ihrer Vorgesetzten als auf Probleme der Bevölkerung. Lokale Behörden kommunizieren auf Weibo oder WeChat, den chinesischen Pendants zu Twitter und Facebook, im Rahmen der vorgegebenen politischen Schranken proaktiver und kreativer. Den größten Vorteil digitaler Kommunikationsplattformen, schnell und persönlich mit Bürgern zu interagieren und nicht nur Informationen zu senden, nutzen lokale Kader dagegen kaum. Effekte mit Blick auf verbesserten staatlichen Service, weniger Unzufriedenheit oder Proteste sind laut Forschung unklar.[9]

Auch der Aufbau des sozialen Bonitätssystems ist durch beide Dynamiken gekennzeichnet – durch zentrale, eher vage Rahmenvorgaben und durch Initiativen von Individuen in unterschiedlichen Tätigkeitsbereichen und mit unterschiedlichen Motivationen. Größere Berechenbarkeit und Durchsetzbarkeit von Herrschaft, primär für den Parteistaat, aber in dessen Rahmen auch für Unternehmen und Bürger, ist der gemeinsame Kristallisationspunkt dieser verschiedenen Aspekte.

Als «erste Person, die Chinas soziales Bonitätssystem aufgebaut hat» wird Huang Wenyun in vielen chinesischen Artikeln bezeichnet.[10] Eine Geschichte, die gut in die offizielle chinesische Darstellung von Sinn und Zweck des Systems passt, die aber deswegen nicht weniger wahr oder wichtig ist.

Huang arbeitete bei einer Staatsfirma in der östlichen Stadt Wuxi, Provinz Jiangsu, als sie 1985 bei einer Dienstreise nach Guangzhou angesprochen wird: Der Chef einer zu jener Zeit wie Pilze aus dem Boden sprießenden Import-Export-Firma machte ihr ein Jobangebot. Die damals 28-jährige Huang verließ daraufhin den als «eiserne Reisschüssel» bezeichneten, sicheren Arbeitsplatz bei dem Staatsunternehmen und zog in die damalige Kleinstadt Shenzhen. Das ehemalige Fischerdorf nördlich von Hongkong sollte sich in den 1990er Jahren zu einem der wichtigsten Produktionsstandorte für die Exportindustrie entwickeln. Im 21. Jahrhundert ist Shenzhen zunehmend auch als Chinas «Maker's Valley» bekannt geworden: Start-up-Unternehmer können dank der industriellen Infrastruktur schnell und günstig erste Prototypen ihres Produkts herstellen lassen.

Huangs neuer Chef des privat geführten Import-Export-Unternehmens machte sich 1992 mit einer Stange Geld davon und ließ Angestellte wie Huang arbeitslos zurück. Rückblickend war das ihre erste Erfahrung mit «Vertrauenswürdigkeit», wie Huang selbst sagte. Sie gründete daraufhin ihr erstes eigenes Unternehmen, das elektronisches Lernspielzeug für Kinder entwickelte und verkaufte. Die Bemerkung eines taiwanesischen Unternehmers, dass Chinesen aus der Volksrepublik keine grundlegenden Innovationen hervorbringen und nur kopieren könnten, erschütterte Huang. Sie begann in Chinas noch sehr junge Halbleiterindustrie zu investieren und erwarb sich damit auch international erste Anerkennung. Ihr Unternehmen wuchs und sie machte schnell Umsätze in Millionenhöhe.

Zwei Erfahrungen warfen Huang allerdings immer wieder zurück und frustrierten sie: Ihre Produkte wurden im Bruchteil der Entwicklungszeit kopiert und Kunden kamen immer wieder Zahlungen nicht nach. Während einer Reise in die USA 1999 machte die US-amerikanische Reiseführerin beiläufig eine Bemerkung über das Zusammenspiel zwischen Vertrauen und Geld, die Huang aufhorchen und dann nicht mehr losließ. Sie verlängerte ihren US-Aufenthalt, um eigene Nachforschungen zum Kreditwürdigkeitssystem anzustellen. Ihre Eindrücke schickte sie im August 1999 mit dem Vorschlag, dass die Volksrepublik genau so etwas brauche und aufbauen sollte, als Brief an die höchste Adresse des Landes, an den damaligen Ministerpräsidenten Zhu Rongji. Den Originalbrief mit dem handschriftlichen Kommentar von Zhu, diesem Vorschlag nachzugehen, hat Huang bis heute aufbewahrt. Es sollten drei weitere Briefe folgen. Erste Ergebnisse einer eingesetzten Forschungsgruppe aus Mitgliedern der Bank of China, dem Ministerium für Staatssicherheit, dem damaligen Ministerium für Informationsindustrie und dem staatlichen Büro für geistiges Eigentumsrecht veranlassten Zhu dazu, ein Pilotprojekt für Kreditwürdigkeit von Firmen und Einzelpersonen innerhalb des Bankensystems in Shanghai zu initiieren. Huang unterstütze die Einrichtung einer Forschergruppe an der chinesischen Akademie für Sozialwissenschaften, finanzierte Forschungsreisen in die USA und nach Europa und setze sich für die Einrichtung entsprechender Studiengänge (Kreditwürdigkeitsmanagement) ein. Der Grundstein für die weitere Entwicklung des sozialen Bonitätssystems war gelegt. Während andere Städte schnell auf den Zug von Bonitätssystemen für Firmen aufsprangen, startete Shanghai als erste Stadt mit einem sowohl firmen- als auch personenbezogenen Kreditwürdigkeitssystem.

Eine der zentralen Personen dort war Fan Xiping, der erste Leiter des 2003 gegründeten Shanghaier Büros für Informatisierung. Fan war damals Vize-Sekretär der Stadt und wurde nach rund 15 Monaten im Amt befördert. Er war später u. a. für die Entstehung von Disneyland in Shanghai zuständig und ist heute der Vorstandsvorsitzende und Vize-Parteisekretär sowie CEO der staatlichen Shanghaier Construction Group. Eine Reihe von Großbauprojekten im In- und Ausland hat Fan verantwortet, u. a. für den Fernsehturm und den Pudong-Flughafen in Shanghai sowie das internationale Kongresszentrum in Ägypten oder das chinesisch-pakistanische Freundschaftszentrum. Zhu Rongjis Nachfolger Wen Jiabao lobte den Ansatz des Shanghaier Pilotprojekts und gab eine klare Richtung vor. Der Aufbau von Vertrauenswürdigkeit solle alle Bereiche von Wirtschaft und Gesellschaft umfassen, Justiz, Verwaltung, Moral, Management, Service, Informatisierung, ein umfassendes System. Ein Ansatz, der sich nach und nach in ganz China durchsetzen sollte – wenn auch mit sehr unterschiedlichen Komponenten in der Umsetzung.

2014 veröffentlichte der Staatsrat den Gesamtplan zum Aufbau eines sozialen Bonitätssystems bis 2020. Neben nationalen schwarzen und roten Listen in einigen Bereichen wie Finanzen oder Gerichtsurteile, ist das «soziale Bonitätssystem» bis heute eher ein grober Rahmen, der auf subnationaler Ebene sehr unterschiedliche Implementierungsgrade aufweist. Im Laufe der zweiten Hälfte der 2000er Jahre haben 43 Städte auf den Aufruf der nationalen Regierung reagiert und eigene SCS initiiert, mit diversen Ansätzen zur Datenerhebung und -verarbeitung. Die Verantwortlichen mussten sich zwar an den grob von der Zentralregierung vorgegebenen Rahmen halten, konnten aber eigene Kriterien und Schwerpunkte bei der Bewertung ihrer Bürger setzen, die bis heute zu der Fragmentiertheit des Systems beitragen. Dies betrifft sowohl Schwerpunkte für schwarze und rote Listen als auch einzelne Kategorien für die Bewertung von Firmen und Privatpersonen.

Die Stadt Rongcheng in der Küstenprovinz Shandong hat sehr konkret ausformulierte Kataloge mit Plus- und Minuspunkten vorgelegt. Bei Kooperationen zwischen Städten und kommerziellen Firmen wie in Suzhou blieben die Bewertungskriterien eher vage und umfassten auch Kategorien wie Verhalten in Computerspielen, welche die Stadt aber später wieder verwarf.

Ebenso nahm die Stadt Weihai in der Provinz Shandong das Überqueren von Straßen bei Rot oder abseits von Zebrastreifen später aus ihrer Bewertungsskala. Sie hat sich allerdings auf nationaler Ebene als Pionierstadt für die Verknüpfung des sozialen Bonitätssystems mit der städtischen Mülltrennung einen Namen gemacht.[11]

Bewertungsschemata der Städte für Unternehmen haben sich auch über die Zeit verändert und spiegeln oft lokale Bedürfnisse und Prioritäten mit Blick auf Umweltschutz, Nahrungsmittelsicherheit, Kriminalitätsbekämpfung oder jüngst auch Verstöße gegen Quarantäne-Auflagen wider. Für Bürger ist die Teilnahme an den Bewertungssystemen nach wie vor freiwillig. Aufgrund von lokalen Gegenreaktionen hat die Zentralregierung Strafen für kleinere Übertretungen mittlerweile verboten.[12]

Auf nationaler Ebene prägen 47 unterschiedliche Institutionen die weitere Entwicklung des sozialen Bonitätssystems. Die Nationale Entwicklungs- und Reformkommission kann vor diesem Hintergrund ihrer Rolle als interministerieller Koordinatorin nur schwer nachkommen.[13] Die Zentralregierung hat als Prioritäten für die nächste Entwicklungsphase des Systems einheitliche Standards und Prozedere definiert. Ende November 2022 hat Beijing den ersten Entwurf eines nationalen Gesetzes zum Aufbau des sozialen Bonitätssystems vorgelegt. Es soll die Verantwortlichkeiten der einzelnen Behörden klarer regeln und vor allem in Bezug auf Unternehmen den Umfang von Bestrafungen und Belohnungen vereinheitlichen. Überlappungen und interpretatorische Spielräume sind jedoch auch in dem Gesetz erkennbar. Neben möglichen Änderungen im Laufe von weiteren Entwürfen bzw. Lesungen des Gesetzes wird es letztlich immer auf die konkrete Umsetzung vor Ort ankommen. Gleichzeitig haben das Zentralkomitee der Kommunistischen Partei Chinas und der Staatsrat weitere Pilotprojekte im Bereich Kultur und

Tourismus angekündigt sowie die Fortsetzung der graduellen Implementierung des sozialen Bonitätsystems – unter Einbindung eines künstlich geschaffenen lokalen Wettbewerbs auch um Ressourcen: Städte auf allen Verwaltungsebenen sollen Anträge stellen, um eine «Modell- bzw. Vorzeigezone» für das System zu werden.[14]

Die Stadt Hangzhou ist 2018 als eine der ersten «Modellstädte» ausgezeichnet worden und zwar laut chinesischer Presse vor allem für drei konkrete Anwendungsfelder: Kinder von Wanderarbeitern konnten bei einer hohen sozialen Bonität ihrer Eltern bis zu 270 Punkte zu ihren Prüfungsergebnissen addieren (die mögliche Gesamtpunktzahl liegt bei 900), um so an einer besseren Oberschule aufgenommen zu werden; Bürger konnten ihre Kreditpunkte zur Zahlung von medizinischen Behandlungen einsetzen und bei städtischen Krankenhäusern Rabatte erhalten; zudem gab es für die freiwilligen Teilnehmer an dem Kreditsystem die Möglichkeit, kostenlos Bücher auszuleihen, die auch nach Hause geliefert werden.[15] Während der Corona-Pandemie hat Hangzhou, wie einige andere Städte in China, das soziale Bonitätssystem genutzt, um Menschen, die falsche Angaben bezüglich ihrer Reiseorte und/oder Krankheitssymptome gemacht haben, auf ihre lokale schwarze Liste zu setzen und ihre Personalien weitestgehend veröffentlicht. Die Gesundheitskommission der Stadt hatte im Mai 2020 angekündigt, dass sie den zuerst in Hangzhou von der Regierung und der ansässigen Firma AntFinancial entwickelten «Health Code» zur Überwachung des Gesundheitsstatus im Rahmen von Covid-19 permanent in das Bewertungssystem integrieren wollte. Dies löste einen Sturm der Entrüstung unter Chinas Netzbürgern aus.[16]

In der Führungsgruppe für den Aufbau von Bonität der Stadt Hangzhou ist alles vertreten, was in der Stadt Rang und Namen hat – oder anders formuliert, alle Sektoren, von denen man in irgendeiner Form Daten erheben kann. Die 69 Mitglieder stammen aus Bereichen wie Bau, Feuerwehr, Finanzen, Frauenverband, Grundsteuer, Religion, öffentliche Sicherheit und Verkehr. Drei Herren gehören den Aufsichtsbehörden der höheren Provinzverwaltungsebene an.

Das vielleicht überraschendste und auf der Webseite an erster Stelle genannte Mitglied ist Zhang Qizhi – sein Vorname bedeutet «hohe Erwartungen» – der Chef der parteistaatlichen Nachrichtenagentur Xinhua auf Provinzebene. Genauer betrachtet ist das nicht überraschend – Datenkontrolle heißt aus Sicht eines totalitären Regimes vor allem auch Informationskontrolle. Der Lebenslauf des Leiters der Führungsgruppe erinnert an Lu Wei, den ersten Chef der CAC. Auch ein weiteres Mitglied, Dai Jianping, ist jemand, der sich hochgearbeitet hat, sein Vorname bedeutet «Friedensbringer». Dies ist oft ein Zeichen dafür, dass derjenige in den 1950er oder 1960er Jahren, kurz nach der Gründung der Volksrepublik oder noch vor den ideologischen Wirren der Kulturrevolution geboren ist. Dai Jianping ist Jahrgang 1962 und stammt aus der kleinen Kreisstadt Lanxi in der Provinz Zhejiang. Dai begann mit 17 Jahren in der örtlichen Textilfabrik zu arbeiten und absolvierte nebenher ein Studium in chinesischer Sprache und Literatur. Mit 25 trat er in die Partei ein, brachte es bis zum Vize-Bürgermeister seiner Stadt, bevor er nach 10 Jahren in verschiedenen Parteiämtern anderer Städte und einem Master-Abschluss von der lokalen Parteihochschule in Wirtschaft 2016 nach Hangzhou berufen wurde. Seit 2017 ist er – wie oft üblich in China – sowohl Vize-Bürgermeister als auch Vize-Parteisekretär der Stadt und nun für eine reibungslose Koordination aller Bereiche beim weiteren Aufbau des sozialen Bonitätssystems der Stadt verantwortlich.

Um die alltägliche Umsetzung muss sich allerdings der Büro-

chef Gao Yu kümmern, der den Aufbau des Systems seit Beginn
im Jahr 2018 begleitet. Auf den wenigen Fotos, die man im Internet von ihm findet, sieht er immer etwas angespannt und sor-
genvoll aus. Über Gao, seiner Bezeichnung nach zu urteilen kein
Führungskader, sondern eher ein Beamter mittleren Ranges,
findet sich kein Personaleintrag im gesamten chinesischen Internet, er taucht nicht auf der Webseite seiner angegebenen übergeordneten Arbeitseinheit, der Entwicklungs- und Reformkommission der Stadt, auf. Einzige Ausnahme: ein Eintrag, dass er am
16. Juli 2021 vom Posten des stellvertretenden Leiters der Abteilung Kriminalpolizei des Amtes für öffentliche Sicherheit ent-
bunden worden war.[17]

Der Ausdruck «Öffentliche Sicherheit» lässt aufhorchen. Sicherheit heißt auch Überwachung, und die wird in China äußerst
effizient betrieben. Effizienz ist oft der gemeinsame Nenner, auf
den sich die unterschiedlichen Akteure in Chinas Digitalisie-
rungspolitik einigen können, insbesondere dann, wenn es um
ihr eigenes Überleben geht.

3.
Profiteure und Herausforderer

«Ich verstehe nichts von Technologie, nichts von Marketing, nichts von diesem [juristischen] Zeugs. Ich verstehe nur etwas von Menschen.»[1]

Jack Ma Yun, Gründer von Alibaba

«Ein verrücktes Frühlingsfest» sei es gewesen, erzählte Wang Junyi, Leiter der Abteilung für «vertrauliche Kommunikation» innerhalb der Regierung des Bezirks Yuhang in Chinas südöstlicher Stadt Hangzhou. Einige der IT-Entwickler seien nach fünf Tagen mit andauernden Überstunden wegen Sauerstoffmangels ins Krankenhaus gebracht worden, bei einem Kollegen aus der Kommission für Politik und Recht habe man einen Blutdruck von 175 gemessen. Er selbst habe, nachdem der Prototyp innerhalb einer Nacht fertiggestellt worden sei, mehrere Nächte nur zwei bis drei Stunden geschlafen, um regelmäßig Upgrades durchzuführen.

Der Prototyp, von dem Wang spricht, ist der sogenannte «Health Code» (健康码 jiànkāngmǎ), den er mit Kollegen aus der Bezirksregierung und einem Team von Hangzhous IT-Ingenieuren in der Nacht vom 4. auf den 5. Februar 2022 fertiggestellt hat. Programmierer von Uniview Technologies, Codvision, und aus verschiedenen Sparten der Unternehmen Alibaba, Ding Talk, Alicloud und Zhifubao, machten die Nacht zum Tag, bis um 4.45 Uhr die erste Version des Codes, zunächst als mobile Browserwebseite, fertig war. Normalerweise dauere so ein Entwicklungsprozess rund zwei Wochen, aber für die Pandemiebekämpfung hätten sich «alle wirklich reingehängt», erinnerte sich ein Mitarbeiter von Zhifubao an diese Zeit.[2] Schnell etablierten auch andere größeren Städte und Provinzen eigene Health Codes.

Nutzer können dazu ihre persönlichen Daten sowie weitere erforderliche Informationen über die subnationalen Programme oder auch via Alipay und WeChat eingeben. Die Programme verbinden sich mit einer nationalen Plattform, welche die Einwilligung zum Zugriff u. a. auf die Telefonummer und die Mobilitätsdaten verlangt und die Reisehistorie von bis zu 14 Tagen nachverfolgt. Dann können Chinesinnen und Chinesen einen Health Code abrufen, der auf Basis der Daten entweder grün (volle Bewegungsfreiheit im Rahmen der Bestimmungen), orange (mit bestimmten Auflagen für Untersuchungen oder Tests verbunden) oder rot (Mobilität verweigert) ist. Stand Dezember 2022 ist im Zuge der Kehrtwende Beijings in der Covid-Politik das Aufzeichnen der Reisehistorie und die Kontaktnachverfolgung abgeschafft. Die Health Codes sind aber auf subnationaler Ebene nach wie vor in Kraft und für bestimmte Zugänge ist ein grüner Code erforderlich.

Das könnte man als erfolgreiche Kollaboration zwischen Alibaba, Chinas führender IT-Unternehmensgruppe und dem chinesischen Parteistaat betrachten, oder aber als Nutzung einer bestehenden symbiotischen Beziehung mit einem für beide Seiten lohnenden und profitablen Ziel. Auf diese Weise können verschiedene Datenströme der Stadtbewohner und Durchreisenden, vor allem Mobilitätsdaten, zusammengebracht und gesammelt werden – ein enormes Kontrollinstrument. Trotz des augenscheinlichen Erfolgs einer effektiven und schnellen Nachverfolgung und Überwachung äußerten sich auch chinesische Bürger schon früh kritisch. Sie fürchteten – wie sich später herausstellen sollte, zu Recht – mögliche Datenleaks und Weiterleitungen an lokale Polizeibehörden, unklare Bestimmungen bezüglich der genauen Verwendung und Speicherung von Daten sowie die de facto Verknüpfung mit anderen Daten via App bzw. Betriebssystem des Handys.[3] Die Ankündigung der Zentralregierung im November 2022, die Daten der Health Codes in eine nationale Datenbank mit digitalen Gesundheitsakten aller Chinesen zu integrieren, haben manche Netizens und Experten mit Besorgnis kommentiert.

Möglich gemacht hatte das schnelle Entstehen des ersten Health Code-Programms das cloud-basierte «City Brain»-Projekt, welches Hangzhou 2015 mit dem Ziel entwickelt hatte, der notorisch verstopften Stadt mit Hilfe von durch Algorithmen gesteuerten Ampeln wieder zu einem besser fließenden Verkehr zu verhelfen. Allein hätte die Stadt Hangzhou das niemals verwirklichen können, wie nahezu alle Städte in China braucht sie die Expertise und Unterstützung von privaten Unternehmen wie Alibaba. Diese wiederum profitieren von dem zunehmend gesteigerten Interesse parteistaatlicher Behörden an digitalen Technologien für ihre ideologischen Botschaften sowie zur Überwachung und Kontrolle. Ironischerweise haben Alibaba und Co seit ihrer Gründung, nicht nur von speziellen Projekt- und Kreditzuweisungen sowie Sonderregelungen der Behörden bei Steuern und Lizenzen profitiert, sondern zu einem großen Teil auch von deren Politik des Wegschauens und Laufenlassens. Alles, was der Wachstumsdynamik nutzte, war mehr als willkommen. Die chinesische Regierung tolerierte Börsengänge im Ausland, die aufgrund der chinesischen Rechtslage (chinesische Firmen in vielen Industriesektoren dürfen keine ausländischen Anteilsnehmer haben) via Briefkastenfirma – formell bekannt als Variable Interest Entity (VIE) – auf den Cayman Islands erfolgte. Das ließ viel Freiraum, den Unternehmen wie Alibaba sehr geschickt für sich zu nutzen wussten.

Eine solche Chance nutzte auch Peng Lei aka Lucy Peng. Zunächst war es eher Zufall, dass sie sich über ihren Freund in einem Kreis von insgesamt 18 Personen – darunter rund ein Drittel Paare – wiederfand, die Jack aka Ma Yun im Mai 1999 in seinem Apartment in der Stadt Hangzhou zusammengetrommelt hatte. Sie sollten in Mas neuste Idee investieren: eine Plattform, die kleinere chinesische Firmen mit potenziellen Käufern in der ganzen Welt verbinden sollte. Nach rund zwei Stunden hatte Jack Ma mit seiner legendären Überzeugungskraft alle vom Zukunftspotential des damals in China noch in den Kinderschuhen steckenden Internets überzeugt. Peng, die als eine der ersten in China Wirtschaftsmanagement studiert hatte, unterrichte damals an der Zhejiang University of Finance and Economics. Sie war also nicht nur eine «Blumenvase», wie auf Chinesisch anmutige und dienende Partnerinnen an der Seite ihrer erfolgreichen Männer genannt werden. Lucy Peng wird in der englischsprachigen Welt kaum mit der Erfolgsgeschichte Alibabas in Verbindung gebracht. Tatsächlich aber wäre ohne ihre Fähigkeiten und ihre Tatkraft der IT-Gigant wohl kaum das Unternehmen geworden, welches es heute ist.

Pengs Karriere begann mit dem Aufbau der Personalabteilung Alibabas und der Einführung neuer Motivations- und Feedbackkonzepte. Aber auch mit glasklaren Vorgaben: Peng machte u. a. die Fluktuations- und Entlassungsrate von Personal zu einem wichtigen Leistungsindikator für die Firma. Jack Ma erkannte offensichtlich ihr Talent. Man sagte ihr schon damals nach, sie sei «die Frau, der Jack Ma am meisten vertraut». Chinesische Beobachter führen dies u. a. darauf zurück, dass beide als Lehrer gearbeitet haben, ähnliche Auffassungen teilen, sich aber in ihren Talenten ergänzen: Ma sei ein großer Mobilisierer und Peng eine große Planerin.[4]

Nachdem Ma auf der Jahreshauptversammlung 2010 das Management der Zahlungsplattform Alipay für dessen Unfähigkeit beschimpft hatte, machte er Peng zur CEO. Lucy Peng wollte dies nach ihrer eigenen Erzählung erst ablehnen, da sie sich geschworen hatte, «niemals etwas direkt mit Geld und Krediten zu tun zu haben». Eine ihrer schlimmsten Kindheitserinnerungen war ihre ständig sorgenvolle Mutter, die bei einer ländlichen staatlichen Kreditgenossenschaft gearbeitet hatte. Doch Peng entschloss sich, «sich selbst herauszufordern» und nahm den Job an. Was folgte, waren lange Tage und kurze Nächte mit dem Top-Management, woraufhin sie den Spitznamen «die Königin, die nicht schläft» erhielt. Pengs Aufstieg ging weiter, auch wenn sie im März 2013 nach Jack Mas Rückzug als CEO der Alibaba Group nicht, wie von vielen erwartet, zu seiner Nachfolgerin wurde. Peng übernahm stattdessen den Bereich Beschaffung innerhalb des Mutterschiffs und wurde als CEO und Vorsitzende der damals neu gebildeten AntFinancial Group mit dem Auf- und Ausbau von Alibabas Kreditgeschäft betraut. Jack Ma wollte Peng offensichtlich eine anspruchsvolle Herausforderung zumuten.

Dass ihr Abstieg sich parallel zu den zunehmenden Rückschlägen und staatlichen Einschränkungen von AntFinancial entwickeln, ja eng mit diesen verknüpft sein würde, hatte Ma nicht voraussehen können. Auch wenn seine eigene Kampfansage an staatliche Institutionen – «wenn die Banken sich nicht ändern (mit Blick auf Vergabe von Krediten an kleinere oder weniger gut bekannte Kunden), dann ändern wir sie» – rückblickend einige Schatten vorauswarf.

Zum einen geriet Alibaba im Bereich des mobilen Bezahlens durch seinen größten Dauerkonkurrenten im Bereich des digitalen Konsummarktes, Tencent, zunehmend unter Druck. Tencent Pay machte Alipay vor allem dank der enormen Reichweite von WeChat, einem eigenen Ökosystem von Apps und Services, das Geschäft streitig. Unter der Führung von Peng versuchte Ant-Financial für Alipay vergleichbare «Teilen»-Funktionen zu schaffen. Jedoch scheiterte dies zunächst: 2016 musste sich Peng bereits für das offensichtlich schlecht aufgesetzte interaktive Feature

«Circle» – zum Teilen von Fotos und Videos – rechtfertigen, über das Konten pornographische Inhalte verbreitet hatten.[5]

Zum anderen realisierte der chinesische Parteistaat zunehmend die Macht und den Einfluss von IT-Unternehmen durch den exklusiven Zugriff auf vielfältige Daten- und Finanzströme. Die Initiative der chinesischen Regierung, der staatlich kontrollierte digitale Yuan (e-CNY), lässt sich durchaus als eine Art Gegeninitiative verstehen.

2015 hatte AntFinancial die operative Aufgleisung von Sesame Credit, eines von acht durch die Bank of China lizensierten kommerziellen Pilotprojekten für den Aufbau eines umfassenden Kreditsystems, vorangetrieben. Sesame Credit funktioniert als Bonitäts- und Bonusprogramm: Für bessere finanzielle Glaubwürdigkeit erhalten Kunden Zugang zu persönlichen Krediten, kostenlosen Gesundheitschecks oder schnelleren Visaverfahren.

Bald wurden den staatlichen Finanzinstitutionen die kommerziellen Programme zu eigenmächtig, zumal diese keinerlei Interesse zeigten, ihre Daten mit der Zentralbank zu teilen. Anders als die parteistaatlichen schwarzen Listen und lokalen Projekte sammelte Alibaba Sesame Credit neben Finanzdaten auch Daten, welche das generelle Online-Verhalten und Kontakte abbildeten. Das Modell integrierte zudem Gerichtsdaten, die Personen wegen mangelnder Zahlung ihrer Geldstrafen von bestimmten finanziellen Services ausschlossen. Ende 2017 entschied die chinesische Zentralbank, dass keines der kommerziellen Pilotprojekte eine weitere staatliche Lizenz bekommen würde und machte daraufhin Alibaba und auch Tencent zu Anteilhabern mit (rund 8%) an einer neu aufgesetzten Kreditbonitätsfirma mit Namen Baihang. Dennoch weigerten sich Alibaba und Tencent offensichtlich weiterhin, ihre Daten im großen Stil an die Regierung weiterzuleiten.

Im April 2018 verkündete Jack Ma größere Umstrukturierungen innerhalb der Aliababa Gruppe: Peng verlor ihren Posten als CEO und Vorstandsvorsitzende bei AntFinancial. Sie wurde Vize-Vorsitzende von Alibaba und Vorstandsvorsitzende von Alibabas E-Commerce-Plattform in Südostasien, Lazada. Manche Beobachter beurteilen die Absetzung von Peng als vorbereitende Maßnahmen für Ants Börsengang: Pengs Nachfolger Eric Jing Xiandong hatte sich eine dafür hilfreiche Position in zentralen internationalen Finanzinstitutionen aufgebaut. Jing ist u. a. Senior Advisor bei der Weltbank, dem IMF und Teil der UN-Task Force on Digital Financing. Andere sahen darin auch ein persönliches Zerwürfnis zwischen Jack Ma und Pengs Ehemann Sun Tongyu. Sun ist ebenfalls ein Gründungsmitglied von Alibaba, etablierte später die Online-Shopping-Plattform Taobao und verließ die Firma dann plötzlich. Später investierte Sun in den Konkurrenten von Alibaba, Pinduoduo. Peng selbst hat in Interviews jegliche Verbindung mit Jack Mas damaliger Entscheidung, sie nicht zu seinem Nachfolger zu machen und sie später des Postens der CEO bei AntFinancial zu entheben, entschieden zurückgewiesen.

Lucy Pengs und Jack Mas persönliche Verbundenheit und ihr späteres Zerwürfnis machen deutlich, wie sehr insbesondere die Gründer von IT-Unternehmen auch in China eine ganze Industrie geprägt haben. Sieht sich die heutige IT-Industrie Chinas aufgrund des Agierens der chinesischen Regierung in einem zunehmend spannungsgeladenen Verhältnis mit den USA, sind viele der ersten Gründer mit den Vereinigten Staaten eng verbunden.

Zwei der drei Gründer von Chinas ersten großen Internetportalen, Sina, Sohu und Netease, haben Verbindungen in die USA. Die Unternehmen, alle Ende der 1990er Jahre gegründet, revolutionierten die Verbreitung von Informationen in der Volks-

republik. Ihre Nachrichtenportale und später Twitter-inspirier-
ten Mikroblogs boten chinesischen Internetnutzern schnell
Informationen aus erster Hand jenseits der parteistaatlichen traditionellen Medien.

Zhang Chaoyang aka Charles Zhang, Gründer von Sohu (im
Jahr 1997) studierte von 1986 bis 1993 Experimentalphysik am
Massachusetts Institute of Technology (MIT). Wang Yan, einer
der drei Mitbegründer und spätere China-CEO des Unternehmens Sina und Mitbegründer des Portals Srsnet (1996), promovierte in Jura in Paris und engagierte sich in einer der acht chinesischen Blockparteien, welche bereits 2006 einen Gesetzesentwurf
zum Schutz von persönlichen Informationen und Daten vor-
legte. 1998 beschlossen er und sein Mitstreiter aus Beijing, Wang
Zhidong (Autor der chinesischen Version von Windows) mit
dem in Kalifornien von Chinesen gegründeten Portal Sinanet
der Firma Huayuan Consulting (1995) zu fusionieren. Das war
die Geburtsstunde des Unternehmens Sina (auf Chinesisch 新浪
Xīnlàng, «neue Welle»), bis heute vor allem bekannt durch die
chinesische Twitter-Adaption Sina Weibo. Woher Netease-Grün-
der William Ding Lei seinen englischen Namen hat, ist nicht bekannt. Möglicherweise legte er sich diesen im Rahmen seiner
einjährigen Tätigkeit bei der US-amerikanischen Firma Sybase
in Guangzhou zu.

Auch bei den drei Gründern von BAT (Baidu, Alibaba und Tencent) finden sich US-amerikanische Einflüsse – neben einer großen Begeisterung für IT-Technologie und den damit verbundenen neuen Möglichkeiten befürworten sie individuelle Tatkraft
und Kreativität: Robin Li Yanhong und Eric Xu Yong, Gründer
des Unternehmens Baidu (百度 Bǎidù, «Hunderte Einheiten»)
(2000), das bis heute Chinas populärste Suchmaschine betreibt,
haben beide in den USA studiert. Xu promovierte in Texas an der
A&M University in Biologie und Li machte seinen Master an der

University of Buffalo in Informatik. In der 36 Seiten-starken sogenannten «Baidu-Sammlung», die jeder neue Angestellte bekommt, finden sich zahlreiche Hinweise auf Angestellte, die
trotz Gegenwind an ihren Ideen festhalten, und aufgeklärte Ar-
beitgeber, die sie dann doch gewähren lassen. «Wer in einem
sich schnell verändernden äußeren Umfeld und in einer sich
schnell entwickelnden Branche Chancen schnell und richtig er-
greifen kann, kann Risiken vermeiden und Erfolg haben. All das
hängt von der eigenen Urteilsfähigkeit ab. Es kommt nicht darauf an, der Herde zu folgen.»[6]

Jack Ma, der Gründer von Alibaba, erkannte während einer
US-Reise das enorme Potential und die Bedeutung des Internets.
Mit seiner ersten eigenen Firma entwickelte er Webseiten für
chinesische Unternehmen, wobei ihn Freunde aus den USA bei
der technischen Umsetzung unterstützten. Pony Ma Huateng
von Tencent, Informatikstudent an der Shenzhen Universität,
entdeckte die USA bzw. das World Wide Web als einer der ersten
chinesischen Pioniere. Er gründete den Internet-Vorläufer Fido-
Net, ein weltweites Computernetzwerk, welches die Kommunikation zwischen sogenannten Bulletin Board Systems mit Nutzern auf der ganzen Welt ermöglichte. Auch der spätere Gründer
der Handymarke Xiaomi, Lei Jun, betrieb ein FidoNet-Cluster –
ebenso wie Ding Lei, Gründer von Netease.[7]

Robin Li und der Gründer von Tencent (1998) (腾讯 Téngxùn,
wörtlich «galoppierende Nachricht») Pony Ma Huateng, setzten
ähnlich wie die drei großen Internetportale zuvor auf Webin-
halte, Diskussionsforen, aber auch auf die Entwicklung von Spielen. Jack Ma engagierte sich mit Alibaba und E-Commerce von
Anfang für eine andere Geschäftsidee. Alle drei haben den Auf-
und Ausbau eines eigenen chinesischen digitalen Ökosystems
mit Investitionen und Ausgründungen gefördert und enorm geprägt. Auch wenn sich ihre Aktivitäten in bestimmten Geschäfts-

bereichen überschnitten, so wählten sie doch alle einen anderen Weg zur Diversifizierung ihrer Unternehmensaktivitäten. Ma Huateng lenkte Tencents Fokus in den 2000er Jahre immer mehr auf Online-Finanzprodukte. Robin Li, CEO von Baidu, investierte in die neue Branche des autonomen Fahrens. Alibaba engagierte sich verstärkt im Bereich «New Retail» und Cloud-Services. Kaum einer hat dabei die kommerzielle Seite des Internets so stark in den Vordergrund gestellt wie Jack Ma.

Er hat einen neuen Lebensstil kreiert, der sich vor allem durch individuelles Empowerment, Konsum und Kommerz ausdrückt. Diese Vision steht nicht per se im Konflikt mit dem tech-nationalistischen Projekt der chinesischen Regierung, sondern lässt sich gut in ein Narrativ von gesamtgesellschaftlichem Wohlstand und kollektiven Stolz auf den Fortschritt des Vaterlands einbinden.[8]

Ma – das einzig öffentlich bekannte Parteimitglied unter den dreien – tat dies wohlweislich mit Unterstützung der Regierung. 2004 entstand Taobao, eine Plattform auf der Kleinunternehmer direkt ihre Waren anbieten konnten. Das größte Hindernis: China hatte kein Online-Payment-System und Kreditkarten nutzten damals nur rund 1% der Bevölkerung. Jack Ma entwickelte daraufhin kurzerhand ein entsprechendes System. Taobao eröffnete Bankkonten im ganzen Land und entwickelte Programme, um die Transaktionen nachzuverfolgen. Gemeinsam mit der Kommunistischen Jugendliga startete Alibaba eine Initiative, eine Millionen Universitätsabsolventen zu unterstützen, in ihre Heimatdörfer zurückzukehren und dort E-Commerce-Unternehmen zu gründen. Jack Ma richtete sich mit Taobao vor allem an benachteiligte Gruppen; ganz im Sinne der gesellschaftspolitischen Ziele der KPC.

Dies heißt wiederum nicht, dass Jack Ma – wie auch Robin Li und Pony Ma – sich nicht auch kritisch gegenüber der Politik und den Funktionsweisen des Parteistaates geäußert hat. Auf seinem letzten großen Auftritt im Rahmen des ersten Bund Summit, eines chinesischen Wirtschaftsforums zum Netzwerken für in- und ausländische Entscheider, im Oktober 2020 in Shanghai kritisierte Ma – wieder einmal – Chinas kontrollfixierte und behäbige Finanzaufsicht. Nach diesem Auftritt tauchte Ma für mehrere Wochen nicht in der Öffentlichkeit auf. Danach nahmen Chinas Regulatoren die Alibaba Group deutlich ins Visier.

Gleichermaßen versuchte die chinesische Regierung die drei immer wieder für ihre Propagandazwecke einzuspannen.

Robin Li hat die IT-Branche als Delegierter in der politischen Konsultativkonferenz, dem nominellen Beratergremium der chinesischen Regierung, vertreten. Er setzte sich dort für ethische Normenregulierung für die Forschung und Entwicklung von KI ein – durchaus aus echtem professionell-unternehmerischen Interesse, aber auch im Einklang mit der vorgegebenen Linie der Partei. Zum 40-jährigen Jubiläum der Reform- und Öffnungspolitik würdigte die «Volkszeitung» alle drei IT-Unternehmer. In jenem Artikel erschien Jack Ma als Parteimitglied, Pony Ma und Robin Li nicht.[9]

Die Spannung zwischen einer professionellen, auf die Bedürfnisse der Kunden zugeschnittenen Unternehmensführung und einem chinesischen Regime, das Unterordnung und Loyalität einfordert, bleibt bestehen. «Sie (die drei Gründer) profitieren davon, dass sie sich mit einem westlich-liberalen Ethos des individuellen Erfolgs identifizieren, aber gleichzeitig sind sie Insider, weil sie eine kollektivistische nationale Agenda vertreten müssen, die eine Masseninnovation fordert, bei der das Aufblühen der Nation an erster Stelle steht», argumentieren die beiden Wissenschaftler Michael Keane und Ying Chen.[10]

Ren Zhengfei, der Gründer von Huawei, hat diese Spannung wie kein anderer chinesischer Unternehmer internalisiert und –

so scheint es – für sich nutzbar gemacht. Er ist der zentrale Macher von Chinas Hardware-Digitalisierung und damit eine Schlüsselfigur für das Verständnis der Ambivalenz und Komplexität der chinesischen digitalen Entwicklung. Ren und Huawei selbst betonen, dass Ren – neben Zufall und Glück – vor allem aufgrund seiner Zähigkeit und Disziplin Krisen in Chancen verwandelt und so Huawei groß gemacht habe. Sie verschweigen seine Verbindungen zu Militär und Parteistaat. In vielen US-amerikanischen und europäischen Medienberichten dagegen dominiert dieser Umstand die Geschichte von Huawei.

Rens Lebensgeschichte, von ihm und seinem Unternehmen passend aufbereitet, illustriert perfekt den «China-Traum» (中国梦 Zhōngguómèng). Von der chinesische Regierung wird dieser gerne als «Chinese Dream» übersetzt, durchaus im bewussten Anklang an den «American Dream». Anders als in der US-amerikanischen Variante geht es im «China-Traum» jedoch zuallererst um den kollektivierten Traum der kommunistischen Führung von einer starken Volksrepublik. Der Einzelne kann und soll mit seiner individuellen Erfolgsgeschichte vor allem dazu einen Beitrag leisten. Es geht der Regierung Chinas nicht um gelebte individuelle Wege, sondern um den inszenierten Verdienst ihrer Führung, die Erfolg möglich macht. Dazu passt, dass «Huáwèi (华为)» als «Chinas Werden» übersetzt und Rens Name etwas freier als «Aufgabe für Richtig und Falsch» übertragen werden kann.

Geboren am 25. Oktober 1944 als ältester Sohn von sieben Kindern in der ärmlichen südwestlichen Provinz Guizhou hat Ren den Hunger und die politischen Wirren der Volksrepublik in den 1950er und 1960er Jahren durchlitten. «Manchmal war ich so hungrig, während ich mich auf die Hochschulaufnahmeprüfung vorbereitete, dass ich Gemüse und Reiskleie zusammen in den Ofen klebte und warm werden ließ (...). Wir waren zu arm für einen verschließbaren Schrank, deshalb war unser ganzes Essen immer in einer Blechdose. Ich habe es nie gewagt, eine Handvoll dort rauszunehmen, denn ansonsten wären ein oder zwei meiner Geschwister nicht durchgekommen (...).»[11]

Er bestand die Hochschulaufnahmeprüfung und begann 1963, drei Jahre vor Ausbruch der Kulturrevolution, am Chongqinger Institute für Tiefbau und Architektur in der westlichen Provinz Sichuan ein Studium. In den Wirren der Kulturrevolution musste Rens Vater als ehemaliger Buchhalter für die nach Taiwan geflohenen Nationalisten (Kuomintang) und Lehrer qualvolle Demütigungen über sich ergehen lassen. Die Familie kämpfte erneut ums Überleben, seine Eltern schickten Ren nach einem Heimatbesuch zurück nach Chongqing, dort sei es sicherer als in der Heimat. Nach seinem Abschluss wurde Ren zunächst ein Arbeitsplatz an einem Forschungsinstitut für Informationstechnologie der Volksbefreiungsarmee zugewiesen. 1974 trat er dann als Militärtechnologe in die Armee ein.

Das Militär galt besonders zur Zeit der Kulturrevolution, aber auch darüber hinaus als ein Karriereweg für junge Menschen aus problematischen Familien, die ihre Fähigkeit ausbauen und sich hocharbeiten wollten. Ren beschreibt seinen Eintritt zwar als «Zufall», lässt aber in seiner eigenen Erzählung anklingen, dass er darin eine Chance erkannt und genutzt hat.

«Das Militär hatte kein technisches Personal und ich war (aufgrund meiner Eltern) ein ‹stinkender Intellektueller› (...). Die da oben gaben dann ihre Zustimmung, dass einige mit einem Studium, so wie ich, in das Ingenieurskorps eintreten konnten, um Projekte abzuschließen», sagte Ren in einem seiner seltenen Interviews am Rande des Weltwirtschaftsforums in Davos 2015.[12] Schon damals hat die US-Regierung begonnen, Huaweis Aktivitäten aufgrund der Verbindungen zur chinesischen Volksbefreiungsarmee stark zu beschränken.

Viele Beobachter führen Rens paternalistischen charismatischen Führungsstil, seine harte Disziplin und seine seltenen, aber dann umso heftigeren verbalen Attacken, auf seine Zeit im Militär zurück. Innerhalb des chinesischen Systems verschafft Vertrautheit mit militärischen Gepflogenheiten Respekt – und persönliche Verbindungen wertvolle Unterstützung.

Wie auch in den USA war der Aufbau des Internets und der digitalen Infrastruktur von Anfang an stark von einer «zivil-militärischen Verschmelzung (civil military fusion)» geprägt. Die chinesische Regierung trieb nach 1989 eine gezielte Kommerzialisierung von militärtechnologischer Forschung voran. Die USA und Westeuropa hatten nach der blutigen Niederschlagung der Protestbewegung auf dem Tiananmen-Platz ein Waffenembargo, inklusive dual-use-Güter, gegen die Volksrepublik verhängt. Auf Basis einer Analyse des Golfkriegs 1991 erklärte der damals amtierende Staats- und Parteichef Jiang Zemin die Modernisierung der Militärkommunikation zur obersten Priorität. Huawei trieb in den Folgejahren zusammen mit einigen anderen kommerziell agierenden Unternehmen den Aufbau der digitalen Infrastruktur zunächst primär für die Volksbefreiungsarmee und später auch für zivile Institutionen voran.[13] In den 1990er und 2000er Jahren stellte das Unternehmen nachweislich der Generalstabsabteilung, der Beijinger Militärregion, dem strategischen Raketenkorps und der Staatsicherheit digitale Hardwarekomponenten zur Verfügung und war an verschiedenen Forschungsprojekten mit staatlichen Unternehmen beteiligt.[14] Jüngst hat Huawei selbst die von US-Nachrichtenplattformen und Forschern[15] aufgedeckten Kooperationsprojekte mit dem chinesischen Militär im Bereich KI oder Kommunikationstechnologie nicht per se bestritten. Allerdings behauptet die Firma, davon nichts gewusst zu haben, das hätten die Mitarbeiter wohl in ihrer Freizeit vorangetrieben.

Ren selbst erinnert und beschreibt eine «militärisch-technologische Verschmelzung» der eigenen Art. Als Auszeichnung für seine herausragenden Leistungen wurde er 1978 eingeladen, als einer von 6000 Delegierten an dem Nationalen Wissenschaftskongress teilzunehmen. Ren war mit 33 einer der jüngsten Teilnehmer. Die Rede von Deng Xiaoping, dem damaligen faktischen Staatslenker, darüber, dass «Technologie eine Produktionskraft und Intellektuelle ein Teil der Arbeiterklasse sind», beeindruckte und ermutigte ihn offensichtlich. Als Reaktion auf Rens Auszeichnungen rehabilitierte die Armeearbeitseinheit seinen Vater und half ihm in die Partei einzutreten. 1982 nahm Ren als Delegierter für die Volksbefreiungsarmee am 12. Nationalen Kongress der KPC teil. «Mein Vater rahmte das Bild von mir und den Kadern des Zentralkomitees und meine ganze Familie war stolz», erinnerte sich Ren später.[16] Nach der Auflösung seiner Einheit 1983 fand sich Ren nach eigenen Worten nicht im zivilen Leben und in Chinas aufkommender «Warenwirtschaft» zurecht, arbeitete zunächst – erfolglos, wie er schreibt – als angestellter Manager und gründete schließlich am 15. September 1987 mit sechs anderen Investoren die Firma «Huawei Technologie GmbH der Stadt Shenzhen» in der damaligen Kleinstadt Shenzhen.

Huawei fungierte zunächst als Handelsfirma: Neben Medikamenten zur Gewichtsabnahme versuchte sich Ren auch am Verkauf von Grabsteinen – allerdings erfolglos. Das Unternehmen konzentrierte sich schließlich auf den Import und Weiterverkauf von sogenannten Switchern (Netzwerkweichen) eines Hongkonger Unternehmens an kleinere Hotels in der Volksrepublik. Das Waffenembargo der USA und der EU gegen China nach der Niederschlagung der Tiananmen-Protestbewegung 1989 und die spätere Entscheidung von Jiang Zemin beim Ausbau der Telekommunikationsindustrie zunehmend auf eigene Unternehmen und Technologie zu setzen, lieferte dem ambitionierten Unternehmer Ren aussichtsreiche Rahmenbedingungen. Huawei begann Switcher und andere Teile von Übertragungssystemen selbst herzustellen und zu erforschen. Neben Rens eigenen Verbindungen zum Militär waren jedoch offensichtlich mindestens zwei Personen, beides hochrangige Kader, Geburtshelfer des heute globalen Spitzenunternehmens.

Die eine ist Rens erster Schwiegervater, Meng Dongbo – ein Revolutionär der ersten Stunde, tief verwurzelt in der Volksbefreiungsarmee und diversen Wirtschafts- und Finanzgremien der KPC in der Provinz Sichuan. Ren hat sich nie nachweislich über Meng geäußert. Von seiner ersten Frau Meng Jun ließ Ren sich im Jahr 1987 scheiden, aber die beiden blieben befreundet, so dass die wohlhabende Familie Ren und Huawei finanziell weiterhin unterstützte.

Die andere Person ist Jiang Mianheng, in China auch bekannt als «König der Telekommunikationsindustrie», da er Anteile und Beteiligungen an mehreren Firmen hält. Jiang Mianheng ist der älteste Sohn des ehemaligen Staats- und Parteichefs Jiang Zemin. Wie und wann sich Ren und Jiang genau kennengelernt haben, ist unklar; ebenso, wie und wann Jiang Mianheng möglicherweise das erste Treffen zwischen Ren und seinem Vater arrangiert hat. Auch darüber finden sich keine Aussagen von Ren. Nach einem Treffen zwischen Jiang Zemin und Ren Zhengfei im Jahr 1994 gelang es Ren Jiang zu überzeugen, dass die Volksrepublik mehr auf eigene Telekommunikationstechnologie setzen sollte. Jiang Zemin ließ daraufhin die bis dahin laufenden Joint Venture-Unternehmen mit Firmen wie Alcatel oder Siemens zurückfahren und unterstützte Huawei und ein anderes Telekommunikationsunternehmen, ZTE (Zhongxing Telecommunication Equipment Corporation), als «nationale Champions» mit gezielter Beteiligung an staatlichen Projekten, direkten Subventionen, Krediten, Landüberlassungen und Steuerbegünstigungen. Laut Recherchen des Wall Street Journals erhielt Huawei insgesamt 75 Milliarden US-Dollar an parteistaatlicher Unterstützung.[17] Huawei spielte eine zentrale Rolle bei der Umsetzung des sogenannten «Golden Shield»-Projekts, für das sich Jiang Mianheng verantwortlich zeichnete. «Golden Shield» legte mit der Konzentration von verschiedenen Informationssystemen in der Hand des Ministeriums für Öffentliche Sicherheit auch den Grundstein für eine umfassende Überwachung und Zensur durch die Regierung.

Vor seinem Treffen mit Jiang Zemin hatte Ren als Teil einer Unternehmensdelegation 1992 das erste Mal die USA bereist. Sein auf dieser Reise entstandener und im Jahr 1994 veröffentlichter Essay «Notizen von einer Reise in die USA» zeugt von einer tiefen Bewunderung für Management, Arbeitsweise und Innovationskraft der Vereinigten Staaten, die Ren nie ganz abgelegt zu haben scheint.[18]

Ren wollte Huawei nach den aus seiner Sicht besten Managementprinzipien umgestalten und arbeitete dazu ab Mitte der 1990er Jahre eng mit IBM oder Cisco Systems zusammen. Ren gestaltete wiederum auf seine Weise sein Verhältnis zu den USA und dem Westen, etablierte Forschungsinstitute im Ausland (u. a. auch in Deutschland 2001). Parallel öffnete ihm die chinesische Regierung zunehmend nicht nur Türen außerhalb Chinas, sondern erteilte Ren auch konkrete Aufträge, zum Beispiel den Aufbau einer digitalen Infrastruktur für Folgeprojekte des chinesischen Parteistaats im Nahen Osten oder in Afrika.[19]

Ab Mitte der 2000er Jahre zeichnete sich ab, dass Rens Interagieren zwischen Ausland und China, Parteistaat und Unternehmertum immer schwieriger miteinander zu vereinbaren war. Die Verhaftung seiner Tochter Meng Wanzhou, CFO von Huawei, im Dezember 2018 in Kanada war ein Hinweis darauf: Auf

Geheiß der USA wurde Meng mit dem Vorwurf der Falschaussage gegenüber Banken bezüglich Huaweis konkreter Verbindungen zu dem im Iran tätigen IT-Unternehmen Skycom – offensichtlich ein Subunternehmen von Huawei – festgenommen. Im schnell eskalierenden Konflikt zwischen den USA und China wurde jedoch deutlich, dass es um mehr ging: auf Seiten der USA um ein grundsätzliches Misstrauen gegenüber Huawei aus Sorge um die nationale Sicherheit und auf Seiten der Volksrepublik um die Frage, wie mit den vielen versteckten Verbindungen zwischen Parteistaat, IT-Unternehmen sowie ausländischen Zulieferern, Investoren und Kunden umzugehen sei – und wieviel unternehmerische Gewinnorientierung man seinen großen Tech-Playern noch zugestehen möchte. Insbesondere überseechinesische Medien spekulieren auch über einen Machtkampf zwischen Xi Jinping und Jiang Zemin um Vermögen, aber auch um die Frage der grundsätzlichen Ausrichtung in der Wirtschaftspolitik.

Ren Zhengfei hat sich diesbezüglich lange Zeit eher zurückgehalten. Dann schlug er sehr unterschiedliche Tonarten an – auch hier liegt es nahe, dies als teilweise selbst gewählte Strategie zur Verteidigung seines Firmenimperiums zu deuten, wenngleich seine enge Verbindung zum chinesischen Parteistaat seinen Handlungsspielraum vermutlich eingrenzt.

Nach außen, aber vor allem auch nach innen betont Ren, dass Huawei einen anderen Weg gegangen sei als Alibaba und Co – nicht an die Börse, sondern einen scheinbar sozialistischen: Seine Firma gehöre hauptsächlich den Angestellten, er selbst halte nur rund 1% der Anteile. Forschungen, etwa eine prominente Studie der US-Forscher Christopher Balding und Donald Clarke, haben jedoch herausgefunden, dass diese Anteile eher Leistungsanreize als wirkliche Besitzanteile sind und eine undurchsichtige Holdinggesellschaft hinter Huawei Technologies

steht.[20] Die politischen Eliten Chinas scheinen sich nicht immer
einig im Umgang mit Huawei zu sein: Mal wird Ren als Vor-
zeigeunternehmer dem in Ungnade gefallenen Jack Ma gegen-
übergestellt, ein anderes Mal wird auch er – genau wie Ma –
überhaupt nicht berücksichtigt.[21]

Im Herbst 2019 sagte Ren in einem Interview gegenüber der
Zeitschrift Economist, dass Huawei seine 5G-Patente, den Code
und weitere technische Entwürfe an ein westliches Unternehmen verkaufen würde. Dies wäre eine «ausgewogene Interes-
sensverteilung» so Ren – ein Vermittlungsversuch, auf den sich
aber kein US-Unternehmen einlassen wollte. Ren Zhengfei dis-
tanzierte sich auch von zu viel nationaler Vereinnahmung von
Seiten der chinesischen Regierung: er und auch seine Familie
würden trotz der wachsenden geopolitischen Spannungen mit
den USA weiterhin Apple-Produkte nutzen.[22]

Kritischere Töne gegenüber den USA schlug Ren laut einem
internen Meeting-Transkript an, welches die US-amerikanische
Zeitung Wallstreet Journal einsehen konnte. Huawei sollte sich –
ähnlich wie Google – «nach vorne drängen, Gegnern den Garaus
machen, eine ‹Trasse von Blut› schlagen.» Das ist vermutlich weniger als direkte Drohung gegenüber den USA, sondern vielmehr
als militärisch eingefärbte Mobilisierung der eigenen Angestellten zu verstehen. Zum chinesischen Neujahrsfest 2022 ließ Ren
einen Brief an seine alte Mittelschule mit Impressionen von einer Reise nach Japan im Jahr 2011 veröffentlichen: Zwar sei es
aktuell Winter für das Unternehmen, aber er glaube, in Anlehnung an ein chinesisches Sprichwort, dass der Frühling bald
kommen werde. Ren beschreibt neue Investitionsprojekte in erneuerbare Batteriespeicher in Japan und betont die Bedeutung
von Bildung und guten Lehrern. Ein Ablenkungsmanöver? Vielleicht. Verwirrend? In jedem Fall – aber es verdeutlicht auch die

Einzigartigkeit der Figur Ren Zhengfei, der seine Agenda immer wieder neu und immer noch selbst setzt.

Das Feld, in dem Chinas jüngste Generation von IT-Start-ups agiert, bleibt genauso spannungsgeladen wie das von Ren Zhengfei, Jack Ma oder auch Peng Lei. Was die «jungen Wilden» wie Cao Xudong, Gründer des Unternehmens Momenta, welches im Bereich autonomes Fahren aktiv ist, oder Zhou Jian, Mitbegründer von UBTech Robotics, von ihren Vorgängern unterscheidet, ist eine oft hochgradige Spezialisierung in ihrer Ausbildung sowie bei ihren Produkten. Aber auch von dieser Gründergeneration haben fast alle Verbindungen in die USA, entweder durch ein Studium oder durch vorherige Arbeitserfahrung. Chinas unternehmerische Macher der Digitalisierung sind von einer persönlichen Entkoppelung mit den USA weit entfernt. Für sie zählt vor allem eines: Professionalität und eine Gemeinschaft von Gleichgesinnten – rund um den Erdball.

4.
Entwickler und Zuarbeiter

«Programmierer-Leben zählt (Developer Lives Matter).»[1]
Letzter Satz aus einem Online-Respository (Webseite) über
chinesische Programmierer.

Dass Cao Xudong, Überflieger und Gründer des Start-ups Momenta, sich einmal so richtig aufregt, ist kaum vorstellbar. In öffentlichen Äußerungen wirkt der 35-jährige, der sowohl Kapuzenpulli als auch Anzug tragen kann, immer sehr beherrscht und durch und durch rational. So wie man es von einem tief in die Materie der Künstlichen Intelligenz eingetauchten Ingenieur erwarten kann. Was Cao in einem seiner Posts auf der Community-Plattform Zhihu zu einer heftigen Reaktion veranlasste, betraf jedoch seine grundlegenden Überzeugungen. Dutzende Kommentatoren äußerten sich sehr geringschätzig bis verächtlich über ein als bahnbrechend bezeichnetes Forschungspapier zu neuronalen Netzwerken und Bildkennung. Der Aufsatz stammt aus der Feder von zwei chinesischen Forschern und zwei chinesischen Praktikanten des Microsoft Research Asia Instituts in Beijing. Caos durch diverse Ausrufungszeichen, Fettdruck aber auch durch recht deftige Formulierungen wie «ich bin echt angepisst» zum Ausdruck gebrachter Unmut bezog sich auf eine aus seiner Sicht oberflächliche Lektüre des Artikels und einer Geringschätzung der praktischen Anwendbarkeit von Deep Learning. «Die Investoren sind ja auch keine Dummköpfe, sie würden bestimmt nicht ihr Geld einfach so in den Sand setzen, wenn [Deep Learning] keinen praktischen Nutzen hätte. Respektiert bitte auch die ganzen hochdotierten und schnell galoppierenden Unicorns.»[2]

Cao schrieb dies am 16. Februar 2015, rund anderthalb Jahre

vor der Gründung seines eigenen Start-ups. Ob er damals schon ahnte, dass sein Hinweis auf Unicorns, Starts-ups mit einem Marktwert von über eine Milliarde US-Dollar, einmal auch auf seine Firma zutreffen würde? Im Februar 2015 arbeitete Cao selbst noch bei dem Microsoft Research Asia Institut, was er ganz unten in seinem emotionalen Kommentar auch offen einräumte. Es war Caos erster Job nach seinem Bachelor-Abschluss in Maschinenbau an Chinas Top-Universität Qinghua und dem Angebot der Universität, aufgrund seiner herausragenden Studienergebnisse direkt mit der Promotion weiterzumachen. Doch nach einem Jahr entschied Cao sich, die akademische Welt zu verlassen, um bei Microsoft in einer Forschungsgruppe für Computervision mitzuarbeiten.

Nach vier Jahren bei Microsoft wollte Cao noch näher an die Anwendungsseite von KI heran: Er wechselte zu SenseTime, ein damals gerade sechs Monate altes Hongkonger Start-up, das sich auf KI und Gesichtserkennung spezialisiert hat. Er baute dort innerhalb von anderthalb Jahren eine Forschungsabteilung mit rund 100 Mitarbeitern auf. In seiner Zeit bei Microsoft und SenseTime schrieb Cao mit Kollegen, die später auch teilweise in seine Firma einstiegen, zahlreiche wissenschaftliche Aufsätze, die auf anerkannten internationalen Fachkonferenzen angenommen wurden. Im September 2016 war es dann soweit: Cao gründete mit drei anderen Mitstreitern, Sun Gang (davor am Baidu Institute of Deep Learning), Xia Yan (davor bei Microsoft Research Asia) und Jacky Wang (zuvor bei App Annie), Momenta, auf Chinesisch «初速度 Chūsùdù» (übersetzt so viel wie: Anfangsgeschwindigkeit) in Beijing. Das Start-up will das «Gehirn», KI-basierte, selbstlernende Softwaresysteme, vor allem an Autobauer liefern, sowohl für autonomes (aktuell das sogenannte Level 4 – «high automation») als auch für assistierendes Fahren (Level 1–2 – «driver assistance-partial assistance»).[3]

In nur zwei Jahren wurde Momenta Chinas erstes Unicorn im Bereich des autonomen Fahrens. Mittlerweile steht Momenta bei 1,5 Milliarden Marktbewertung und hat mit Daimler, Bosch und Toyota Motors auch einige der namhaftesten ausländischen Industrieunternehmen hinter sich gelassen. Ende Dezember 2021 verkündete Cao, dass Momenta gemeinsam mit dem chinesischen Autohersteller BYD (Build Your Dreams) umgerechnet rund 15 Millionen US-Dollar in ein neues Unternehmen namens DiPi Intelligent Mobility Co. investiert hat. Dort soll autonomes Fahren auf Level 2 serienmäßig in einige Modelle von BYD integriert werden. Seit Anfang Dezember 2021 bieten Momenta und der chinesische Autobauer SAIC Mobility testweise Fahrten in Robotaxen in einem Verwaltungsdistrikt der Stadt Shanghai an.

Dass Cao es zum Chef eines der führenden Unternehmen im Bereich des autonomen Fahrens geschafft hat, ist alles andere als selbstverständlich: Er stammt aus der 2-Millionen Kreisstadt Yangqing in der nordwestlichen Provinz Gansu auf dem Lössplateau des Gelben Flusses, der Wiege der chinesischen Kultur und der ersten Kaiserdynastie. Yangqing ist bekannt für seine Öl- und Gasindustrie, für Viehzucht und Heilkräuter, aber nicht für Top-Schulen. Um einen Studienplatz an der Eliteuniversität Qinghua in der Hauptstadt zu ergattern, musste Cao also ein überdurchschnittliches Abitur hinlegen. Er war wissbegierig und fleißig – und nahezu besessen von allem, was mit KI zu tun hatte. Cao schien aber auch früh klar zu sein, dass es Mut braucht, um eigene Wege zu gehen. «Das Problem vieler Studierender von der [Elite-Universität] Qinghua ist, dass sie das Leben als Marathon betrachten. Dicht an dicht gedrängt mit vielen anderen, haben sie das gleiche Ziel ins Auge gefasst, und sie laufen wie aus Gewohnheit diesem Ziel entgegen. Das Leben ist aber kein Marathon, jedes Leben hat seinen ganz eigenen Zauber»[4], so schrieb Cao im Oktober 2015 auf der Online-Plattform Zhihu.

Dazu verlinkte er ein japanisches Recruiting-Video einer Allianz von Unternehmen. Darin sieht man Marathonläufer, die sich plötzlich entscheiden, von der vorgezeichneten Wegstrecke auszuscheren, Straßenbeschränkungen umrennen, über Mauern und in Flüsse springen, um ihren ganz eigenen Weg zu finden.[5] Die Botschaft, die auch Cao offensichtlich inspiriert hat, ist klar: Habe den Mut, gegen den Strom zu schwimmen und das, was «man» angeblich machen muss, in Frage zu stellen.

Diese Leidenschaft hat Cao auch zu einem aktiven Mitglied der Online-Community Zhihu gemacht. Die Plattform Zhihu (知 乎) – was übersetzt so viel heißt wie «Weißt du es?» – ist Chinas Mischung aus Quora und Reddit, Plattformen, auf denen man seine Wissbegierde stillen kann. «Wo es eine Frage gibt, wird es (eine) Antwort(en) geben» verspricht Zhihus Tagline. Singular und Plural unterscheidet sich im Chinesischen grammatikalisch nicht, aber dies ist ohne Frage pluralistisch gemeint. Dies ist vor dem Hintergrund einer zunehmenden Gleichschaltung der chinesischen Online- wie Offline-Medien einer der Anziehungspunkte für die Zhihu-Nutzerinnen und Nutzer. Gegründet im Jahr 2010 von zwei Tech-Nerds und einem Investor, war Zhihu in den ersten zwei Jahren eine «inivitation only»-Plattform. Eine wissbegierige, lernwillige und vor allem gemeinsam Wissen schaffende und teilende Gemeinschaft, in der jede und jeder wohl recherchierte und gut durchdachte Antworten auf Basis der eigenen Expertise beisteuert. Das war und ist die Vision des Zhihu-Gründers Zhou Yuan, Jahrgang 1980 und ausgebildeter Softwareingenieur. Zhou lernte in seinem vorherigen Beruf als IT-Journalist schnell, dass hilfreiche und qualitativ hochwertige Antworten auch von gut informierten Fragen abhängen. Seine erste Geschäftsidee, Suchmaschinenindex-basierte Werbung für Firmen zu schalten, scheiterte. Zhihu schreibt zwar bis heute – wie nicht wenige digitale Ventures – keine schwarzen Zahlen, verzeichnet aber steigenden Umsatz und Nutzerzahlen. Im dritten Quartal 2022 verzeichnete das an der New Yorker Börse notierte Unternehmen mit rund 128,7 Millionen US-Dollar einen 115,1-prozentigen Umsatzgewinn im Vergleich zum Vorjahrsquartal. Die monatlich aktiven Nutzer durchbrachen erstmals die 100 Millionen-Grenze, bei rund 400 Millionen registrierten Zhihu-Konten.[6] Zhihu setzt weiterhin voll auf qualitativ hochwertige Inhalte. Ideen von anderen Unternehmen, die dem zuwiderlaufen, wie zum Beispiel eines Instant-Reply-Services des IT-Giganten Tencent, lehnen Zhou und seine Mitstreiter ab. Bezahlte Werbung macht den größten Anteil des Firmen-Einkommens aus, daneben finanziert Zhihu sich durch kostenpflichtige Mitgliedschaften. Rund 74 % von Zhihus Nutzern haben einen BA-Abschluss, oft im Bereich von IT und mehr als ein Drittel gehören zu Chinas gutverdienender Mittelschicht. 70 % ihrer Nutzer, so Zhihu selbst, versuchen sich in ihren beruflichen Kontexten weiterzubilden.[7] Für viele aus dem IT-Bereich ist Zhihu ein wichtiger Teil ihres Netzwerkes, auch Momenta-Gründer Cao Xudong interagiert hier mit ehemaligen und aktuellen Kolleginnen und Kollegen.

Ankündigungen zu virtuellen «Diskussionen am Runden Tisch», Empfehlungen oder favorisierte Posts drehen sich oft um Fachkenntnisse inklusive engagiert geschriebener, minutiöser Anleitungen zum Erlernen von diversen Programmiersprachen. Die Tech-Begeisterung ist groß in dieser Community. Aber es finden sich auch Fragen und Diskussionen über die Grenzen der Technologie, über Datenmanagement und die Herausforderungen einer zunehmenden Digitalisierung der Gesellschaft.

Meine ehemalige chinesische Kollegin Mao Yishu und mich interessierte, wie die tech-affine Zhihu-Nutzergemeinde über hochaktuelle Fragen von KI und Ethik diskutiert.[8] Die Ergebnisse haben uns überrascht: Der größte Teil der von uns untersuchten Posts (38,5%) sieht KI vor allem als Bedrohung, 35,5% haben eine neutrale Haltung und nur 19,4% weisen KI eine positive bzw. konstruktive Rolle zu.

Die Gründe für diese kritische Haltung lassen sich überwiegend mit «Besorgnis für die Menschheit» überschreiben. Diese speisen sich aus auch im Westen bekannten Science Fiction-Dystopien und thematisieren, dass IT-Technologie menschliche Beziehungen instrumentalisiere. In den Bereichen Bildung und Gesundheitswesen könnten Mitmenschlichkeit und Empathie verloren gehen, sollte Pflege und/oder Unterricht von KI-programmierten Robotern übernommen werden. Darüber hinaus schürt KI die auch bei uns weit verbreitete Sorge vor dem Verlust von Arbeitsplätzen – insbesondere für formal ungebildete bis wenig gebildete Menschen. Daran anschließend betonen Nutzer auf Zhihu, dass KI wahrscheinlich die gesellschaftliche Ungleichheit und sogar die Ausbeutung verstärken wird, wenn KI in den Händen einiger weniger mächtiger Akteure bleibt, die damit «die Interessen der Mehrheit der Menschen unterdrücken können».[9]

Vor allem marxistische Theorien tauchten in den Diskussionen häufig auf. Ein Nutzer analysierte die Macht der KI bei der Abschaffung der menschlichen Arbeit und argumentierte, dass dies zum Verlust der Konsumkraft der Menschen führen würde: «Solange Kapitalisten noch existieren, werden sie dies sicherlich verhindern, insbesondere indem sie fordern, dass (...) die künstliche Intelligenz auf ein Niveau begrenzt wird, das weder zu hoch noch zu niedrig ist.» Mögliche Auswirkungen der KI-Entwicklung hängen laut dieses Kommentators also von der Existenz der «Kapitalisten» ab: «Wenn es keine Kapitalisten gibt oder diese ausgeschaltet werden, würde dies dazu führen, dass die Produktionsmittel in allgemeines Eigentum übergehen, und die hergestellten Produkte würden ausreichen, um die Bedürfnisse vieler Menschen zu befriedigen. Das Leitungsorgan könnte gewählt oder direkt von einer künstlichen Intelligenz geleitet werden (...). Das bedeutet nicht, dass die Menschen die Arbeit völlig aufgegeben hätten, sondern nur, dass es das Ende der Lohnarbeit wäre. Ähnlich verhält es sich mit dem Punkt, an dem Arbeit keine Lohnarbeit mehr ist und man nicht mehr für jemanden arbeitet, sondern weil man es wirklich will.»[10]

Ausbeuterische Lohnarbeit unter raubtierkapitalistischen Bedingungen ist für Chinas IT-Ingenieure und Entwickler nicht nur eine philosophisch-theoretische Frage, sondern bittere Realität. Yan Suji, Mitgestalter von Chinas erster freier Software-Lizenz, die an gerechte Arbeitsbedingungen geknüpft ist, kennt dies aus eigener Erfahrung. Der Angel-Investor und Softwareingenieur aus Shanghai hat einige Jahre für die chinesische E-Learning-Plattform Jisuanke als Programmierer gearbeitet, danach für eine US-amerikanische Firma, die im Bereich autonomes Fahren aktiv ist. Yan hat in Shanghai eine traditionsreiche, sogenannte «Schwerpunkt-Mittelschule», die Songjiang Shanghai No. 2 High School, absolviert. Lernen tagein, tagaus war dort vorprogrammiert. Allerdings zeichnet sich die Schule laut eigener Beschreibung durch eine Oberstufe aus, die das selbstständige Forschen und die Eigenverantwortung der Schülerinnen und Schüler fördert. Inwieweit dieser Ansatz Yan Suji aktiv beeinflusst hat, ist schwer zu sagen. Aber er hatte den Mut, aus der Tretmühle, in der viele chinesische IT-Arbeiter feststecken, auszubrechen. Sein Studium an der University of Illinois at Urbana-Champaign in Informatik brach er ab, um sein erstes Unternehmen zu gründen, zu dem keine weiteren Details bekannt sind. Die 2017 von ihm ins Leben gerufene Firma Dimension oder auch Mask Network, registriert in Singapur, ist ein prosperierendes Venture. Bewertet mit rund 49 Millionen US-Dollar hat Mask Network in den vergangenen zwei Jahren in rund ein Dutzend überwiegend US-amerikanische Start-ups im Bereich FinTech und Blockchain investiert. Das Unternehmen selbst bietet dezentrale Open Source-Softwarelösungen für Online-Payment-Transaktionen und verschlüsselte, sichere digitale Kommunikation an. «The Natural Law of Privacy, now being enforced» lautet Yans Motto.

Vermutlich ist es deshalb kein Zufall, dass sich auch nach intensiveren Recherchen keine Details über Yan Sujis Alter finden lassen. Seine Profilfotos zeigen einen jungen Menschen in den 20ern, vielleicht auch Anfang 30, mit halblangen Haaren und weichen Gesichtszügen. «Geschlecht – bevorzugt nicht anzugeben» steht in seinem Profil der Tech-Plattform Crunchbase. Er tritt jedoch oft mit seiner Frau Katt Gu gemeinsam auf, mit der er sich offensichtlich 2017 verlobt hat – das «verrät» eine Frage, die Yan auf Zhihu gestellt hat: «Welche Art von Verlobungsring wird eine weibliche Softwareingenieurin wählen?» Seine Frau Katt Gu hat an derselben Universität studiert wie Yan, anders als er hat sie aber ihr Studium abgeschlossen und zudem noch eine Dissertation in Informatik verfasst sowie Jura-Kenntnisse erworben. Sie arbeitet als Chief Compliance Officer in der Firma ihres Mannes. In Interviews mit ihnen wird deutlich, dass es den beiden um eine größere Vision geht, um eine gerechtere digitale Welt, vor allem für die IT-Programmierer und Entwickler, um eine Art Cyber-Kommunismus. Digitalisierung und Virtualisierung von allen Produktions- und Transaktionsprozessen sind der Schlüssel, um das Streben nach immer mehr Besitz und Profit zu durchbrechen, sagte Yan Suji in einem Interview mit der Kryptowährungsforscherin und Bloggerin Mable Jiang auf der Plattform Medium.[11] Aus kostenloser, frei zugänglicher (Open Source)-Software eine «ethische Software» zu machen, sei dazu ein wichtiger Schritt.

Als das Ehepaar im Frühjahr 2019 von der chinesischen On-line-Initiative «996.icu» auf der internationalen Programmierer-plattform Github erfuhr, war das der Anlass, aktiv zu werden. «996» steht für eine weit verbreitete Arbeitskultur in vielen chinesischen IT-Unternehmen – arbeiten von 9 Uhr morgens bis 9 Uhr abends an sechs Tagen die Woche. Katt Gu entwarf gemeinsam mit ihrem Mann die sogenannte «Anti-996»-Lizenz, mit der Software-Entwickler ihre Produkte Individuen oder Unternehmen kostenlos zur Verfügung stellen, wenn sich die Nutzenden an die geltenden nationalen oder internationalen Arbeitsrechtsbedingungen halten.[12] Chinas auf dem Papier an sich durchaus fortschrittliches Arbeitsrecht schreibt vor, dass Angestellte nicht mehr als 8 Stunden pro Tag bzw. 44 Stunden pro Woche arbeiten sollen. Überstunden sind auf 36 Stunden pro Monat begrenzt. In der Praxis werden diese Regelungen aufgrund von nicht vorhandenen, unabhängigen Arbeitnehmervertretungen und laxen staatlichen Kontrollen kaum umgesetzt.

Elf weitere Nutzer verfeinerten Katt Gus Lizenz-Text, der nun ein zentrales Dokument des Projektes auf Github ist. Rund 75 Softwareprojekte nutzen diese Lizenz. In Interviews sind Gu und Yan in der Regel vorsichtig, sich zu sehr in die Nähe von Arbeiteraktivisten rücken zu lassen. Sie wissen, wie schnell dies dazu führen könnte, dass das ganze Projekt in China blockiert und Beteiligte zur Verantwortung gezogen werden. Es ist erstaunlich, dass Yan Suji den Link zu dem Github-Projekt in seinem Zhihu-Profil posten kann. Noch erstaunlicher ist, dass der Link aktuell auch ohne die Nutzung von Verschlüsselungssoftware in der Volksrepublik aufrufbar ist.

Was war die Vorgeschichte? Im März 2019 postete ein Nutzer mit dem Pseudonym «996.icu» auf GitHub über seine persönliche Situation als Programmierer in einem chinesischen IT-

Unternehmen. Die sogenannte «996»-Arbeitskultur hatte ihn an den Rande eines Zusammenbruchs gebracht, nach seinem Empfinden nur einen Schritt von der Intensivstation – Intensive Care Unit, daher das Kürzel «icu» – entfernt. Innerhalb von Tagen meldeten sich auch andere Programmierer zu Wort, ein eigener Projektfolder (repository) entstand. Besucher finden auch aktuell dort eine lange Liste von Unternehmern, in denen eine «996», oder gar «10 106» oder «997» Arbeitskultur herrscht. Als Belege sind Arbeitsverträge, Angebote, Jobanzeigen oder Fotos von Zeiterfassungssoftware hinterlegt. Nur sechs Firmen sind in der Tabelle «996 abgeschafft» aufgezählt, zehn stehen auf einer sogenannten «White List» von Firmen mit einer ausgewogenen «955»-Kultur– an 5 Tagen von 9 bis 17 Uhr arbeiten. Parallel ist noch ein weiteres GitHub-Projekt entstanden, dass weitere, überwiegend ausländische Unternehmen mit «955»-Arbeitsbedingungen auflistet. Darunter findet sich als eine der wenigen chinesischen Firmen auch die Plattform Zhihu.

Das 996.icu-Projekt bietet eine ganze Reihe Verlinkungen zu den geltenden arbeitsrechtlichen Bestimmungen in der Volksrepublik. Den Betreibern ist es wichtig, dass auch Nutzer in China weiterhin Zugang zu dieser Plattform haben, deshalb halten sie sich mit harscher Kritik und Aufrufen zu Protestaktionen bewusst zurück. Yan Suji und die Verfasser sind nach eigenen Angaben von den chinesischen Behörden zu der Entstehung und ihrer Intention mit Blick auf die Anti-996-Lizenz befragt worden – bis dato ohne weitere Konsequenzen. GitHub ist in der Vergangenheit immer wieder von den chinesischen Behörden gesperrt worden. Aktuell laden die Seiten des 996-Projekts zwar langsam in China, aber sie sind zugänglich. «Das Leben von Entwicklern zählt», steht ganz unten auf einer korrespondierenden Webseite 996.icu.[13]

Die Initiatoren trafen offensichtlich einen Nerv. Das Thema

wurde schnell zu einem «Top Trend» auf vielen chinesischen sozialen Medienplattformen. Die sogenannte «996»-Arbeitskultur war lange Zeit eine Selbstverständlichkeit, der sich viele IT-Angestellte unterwarfen. Denn der Konkurrenzdruck war hoch und mit etwas Erfahrung konnten Programmierer gutes Geld verdienen. Wie ihre globalen Pendants auch, versuchten chinesische IT-Unternehmen die Angestellten durch zusätzliche «Services» wie kostenloses Essen, Trinken, Fitness und Chill-out-Räume möglichst lange am Tag und in den Abend hinein freiwillig in den Firmenräumen zu beschäftigen.

Seit Mitte der 2000er Jahre hatten immer wieder Berichte von plötzlichen Todesfällen am Arbeitsplatz für kurzweilige mediale Aufmerksamkeit und Bestürzung in China gesorgt. Im Jahr 2015 brach ein Tencent-Entwickler zusammen und starb, als er mit seiner schwangeren Frau spazieren ging. 2016 erlitt ein 34-jähriger stellvertretender Chefredakteur des Online-Forums Tianya in einer Pekinger U-Bahn-Station einen tödlichen Herzstillstand. Im Jahr 2018 starb ein 25-jähriger Mitarbeiter des Drohnenherstellers DJI ebenfalls an einem Herzstillstand. Im Februar 2021, zwei Tage vor Beginn des chinesischen Neujahrsfests, griff sich eine 22-jährige Mitarbeiterin der Firma Pinduoduo morgens um 1:30 Uhr nach einer langen Schicht an den Magen und kippte um. Ihre Kollegen brachten sie ins Krankenhaus, wo sie sechs Stunden später verstarb. Ein weiterer Mitarbeiter sprang während des Neujahrsbesuchs bei den Eltern in den Tod. Am 4. Februar 2022 verstarb der 25-jährige Vize-Teamleiter der Graphik- und Textzensurabteilung der Videoplattform Bilibili an einem plötzlichen Hirnaneurysma. Das Unternehmen gab in einer Stellungnahme an, Muse Muxin, so der Spitzname des jungen Mannes, habe pro Tag acht Stunden gearbeitet und während des chinesischen Neujahrfestes zwei Tage freigenommen. «An die Begutachter der Sicherheit von Inhalten gibt es andere Anforderungen, das erfordert die Anwesenheit von Personal 24/7», schrieb Bilibili weiter ausweichend, «die Arbeit kann auch nicht über das Neujahr ausgesetzt werden, und muss deshalb in Schichten durchgeführt werden.»[14]

Prominente IT-Unternehmer reagierten harsch auf die 996. icu-Initiative und die damit verbundene Kritik. Jack Ma, der Gründer von Alibaba, schrieb auf der firmeninternen Kommunikationsplattform, dass er meist 12, 13 Stunden am Tag gearbeitet hätte. Diese gingen, wenn man seine Arbeit gerne täte, ja auch ganz schnell herum. Und: Ohne Fleiß kein Preis bzw. Erfolg, so Ma.[15] Als seine Bemerkungen an die Öffentlichkeit gelangten, ruderte Ma leicht zurück. Richard Liu, der Gründer von Alibaba-Konkurrent JD.com und Zhou Hongyi, CEO des Cybersicherheitsgiganten Qihoo360, äußerten sich zunächst ähnlich wie Ma, schwiegen dann aber. Die Browser von Qihoo und Tencent blockierten den Zugang zum 996.icu-GitHub-Projekt. Andere Unternehmen wie Baidu oder Bytedance reagierten, indem sie den Samstag als Arbeitstag generell abschafften.

Die Zensurbehörden sperrten die Seite nicht und löschten auch Debatten über das Thema in den sozialen Medien zunächst nicht – solange die IT-Unternehmen im Kreuzfeuer der Kritik standen. Die parteistaatlichen Medien verurteilten selbst diese «Überstunden-Kultur». Das zuständige Ministerium für Personalmanagement und Soziale Sicherheit veröffentlichte im August 2021 gemeinsam mit dem Obersten Volksgerichtshof ein Dokument mit zehn Urteilen bei Arbeitsrechtsverletzungen, um Unternehmen und Verantwortliche an die Einhaltung der gesetzlichen Bestimmungen zu erinnern.[16]

In dieser öffentlichen Diskreditierung sieht die chinesische Regierung eine Chance, den Ruf und Einfluss der IT-Firmen zu mindern. Im Rückblick war diese Welle der öffentlichen Empörung vielleicht ein entscheidendes Signal für Beijing. Die Regierung reagierte mit harschen regulativen Eingriffen im Namen der Monopol-Bekämpfung, der Blockierung von Börsengängen und Anordnungen zu unternehmesinternen «Restrukturierungen».

Inwieweit sich an der 966-Arbeitskultur für IT-Entwickler und Angestellte strukturell und dauerhaft etwas ändern wird, hängt von verschiedenen Faktoren ab. Jüngst machte der etwas obskure Begriff «Involution» (内卷 nèijuǎn) im chinesischen Internet die Runde. In Anlehnung an die von der chinesischen Führung propagierte Stärkung der eigenen Autonomie beschreibt der Begriff eine ungesunde Form des Wettbewerbs, der lediglich nach innen gerichteten Druck und ein Gerangel um Ressourcen bewirkt, ohne durch Konkurrenz echte Innovation zu erzielen. Im Zuge der Covid-19-Pandemie haben Arbeitnehmer in der IT-Branche zunehmend darauf reagiert, in dem sie «eine ruhige Kugel schieben» (auf Chinesisch «Fische streicheln», dem Sprichwort entlehnt, dass man in schlammigen Gewässern – in einer Krise – leichter Fische fangen kann), oft eine Toilettenpause einlegen, um dort Videos auf ihren Smartphones zu schauen und mäßige Arbeitsergebnisse abliefern.[17] Über die Tech-Branche hinaus erlangte auch der Ausdruck «sich flach hinlegen» ((躺平 tǎngpíng)) eine große Prominenz: «Sich flach hinlegen» bedeutet, den ewigen Lauf im Hamsterrad nicht mehr mitzumachen, sondern mehr Wert auf das eigene Wohlbefinden zu legen – und im Extremfall gar nicht mehr zu arbeiten und sich mit wenig Geld, aber viel Freizeit zufrieden zu geben. Auch in China zeigen erste Studien und Umfragen, dass die sogenannte «Generation Z» mehr Wert auf eine ausgeglichene Work-Life-Balance legt. Durch erschütternde Erfahrungen von oftmals willkürlichen und sehr langen Lockdowns im Zuge der Covid-19-Pandemiebekämpfung wollen manche junge Chinesinnen und Chinesen sogar noch weiter gehen, sprich raus aus dem Land. Chinesische

Agenturen berichteten von einem massiv gestiegenen Interesse an Visa für Studierende und Greencards. Suchportale wie Baidu verzeichneten Anfang April und Mitte Mai 2022 für den Begriff «Auswanderung» eine tägliche Zuwachsrate von bis zu 500%. Weil dieses und ähnliche Wörter daraufhin auf verschiedenen Plattformen zensiert wurden, prägten Chinas Netizens den Begriff «rùnxué». Die Wortneuschöpfung setzt sich zusammen aus dem Schriftzeichen «润» (rùn), ausgesprochen wie das englische Wort für «laufen», und dem Zeichen für Lehre oder Wissenschaft, also: «Wissenschaft des Weglaufens». Mittlerweile werden Beiträge zu «rùnxué» teilweise zensiert.[18]

Hinzu kommen weitere Krisenzeichen: Das durch die Pandemie auch in China sinkende Wachstum, bei gleichzeitig schärferen Regulierungen von IT-Unternehmen nicht nur im FinTech, sondern auch im Bildungs- und Entertainmentbereich, lassen das Arbeitsplatzangebot in der digitalen Wirtschaft insgesamt schrumpfen. In einzelnen Sektoren gibt es aber längst große Engpässe, so dass IT-Fachkräfte in diesen Bereichen ihre Arbeitsbedingungen zunehmend mitgestalten können. Laut einer Studie aus dem Jahr 2020 waren im Februar, zur Zeit des chinesischen Frühlingsfestes, in den Metropolen Shenzhen und Guangzhou auf den zwei beliebten Recruiting-Plattformen rund 40% der Stellen im Bereich KI nicht besetzt.[19] Im Bereich der integrierten Schaltungen hat China bis 2020 Bedarf an rund 720000 Personen, aber nur rund 400000 ausgebildetes Personal zur Verfügung.[20]

Am unteren Ende der IT-Wertschöpfungskette, den Fahrern, die online bestellte Waren ausliefern, gibt es jedoch kaum Aussicht auf Besserung ihrer Arbeitsbedingungen. So sieht man am Beispiel von Chinas rund drei bis vier Millionen Essenslieferanten: Sie haben oft keinen formalen Beschäftigungsstatus, sie sind durch ihre Einzeltätigkeiten stärker isoliert und stehen unter ständigem Druck, da sie von den Algorithmen ihrer Plattformen zur Eile und zu Überstunden gedrängt werden. Im Jahr 2020 arbeiteten 95 % der Kuriere mehr als acht Stunden pro Tag, 66,8 % arbeiteten mehr als elf Stunden und 28 % mehr als zwölf Stunden, so eine Untersuchung des Beijing Yilian Labor Law Center. Die Tatsache, dass diese Arbeitnehmer nicht unabhängig gewerkschaftlich organisiert sein dürfen, macht sie nur noch verwundbarer.[21]

Der 31-jährige Chen Guojiang, ein Lieferfahrer aus der südlichen Provinz Guizhou, besser bekannt unter seinem Namen «Allianzvorsitzender» (Mengzhu) versuchte das zu ändern. Im Jahr 2020 begann er auf der chinesischen Videoplattform Douyin, dem nationalen Pendant von TikTok, die harten Wettbewerbsbedingungen der Auslieferbranche zu dokumentieren. Er unterhielt zeitweise sechzehn WeChat-Gruppen mit rund 14 000 Kolleginnen und Kollegen. Er rief immer wieder zu gemeinsamen Protesten für bessere Bezahlung auf, unterstütze Fahrer in brenzligen Situationen und bot Neulingen in der Branche eine kostenlose Unterkunft an. Dann im Februar 2021 verschwand «Mengzhu» plötzlich von der Bildfläche.

5.

Aktivisten und Engagierte

> «Der größte Charme des Internets ist, dass wir einander
> finden können, man muss die Menschen guten Willens
> finden, egal wie sich die Welt verändert, es gibt immer
> noch gute Menschen in dieser Welt, aber gute Menschen
> müssen sich miteinander verbinden, man muss wie ein
> kleines Licht in der Dunkelheit der Nacht leuchten, je
> dunkler die Nacht, desto heller wird dann das Leuchten,
> man kann so auch andere leuchtende Punkte sehen,
> Menschen, die miteinander leuchten, müssen sich ge-
> genseitig finden, damit sie nicht so alleine sind.»
>
> *Chen Qiushi, Bürgerjournalist, der nach seinen*
> *Video-Berichten aus Wuhan während des Lockdowns im*
> *Februar 2020 18 Monate lang verschwunden war.*

Der 31-jährige Lieferfahrer Chen Guojiang steht für die individuelle Hoffnung, dass Digitalisierung in der Volksrepublik mehr
Transparenz und Gerechtigkeit schaffen kann. Nicht nur in
China hat sich die digitale Technologie in dieser Hinsicht als
eher ambivalent erwiesen: So sehr das mobile Internet und soziale Medien-Aktivisten wie Chen helfen, so sehr gefährdet es sie
auch. Staatliche Institutionen können mit Hilfe von Kommuni-
kations- und Mobilitätsdaten im Kontext einer umfassenden digitalen Infrastruktur oft leicht nachvollziehen, was Menschen
tun und planen.

Auf den Taschen und Plakaten, die Chens Unterstützer nach
seinem Verschwinden im Februar 2021 druckten, ist das Mar-
kanteste an Chens Guojiangs Erscheinung der dick gepolsterte
himmelblaue Motoradhelm. Unter dem Helm zeigt sich ein run-
des, jungenhaftes Gesicht. Sein fester Blick aus tiefdunklen Augen wirkt dagegen alles andere als kindlich. Ein Blick, der viel gesehen hat und der vor nichts so schnell die Augen verschließt.

Ein Blick, der nicht ausweicht. Der Blick eines Aktivisten. Auf Twitter beschreibt ihn ein Unterstützer als geborenen Anführer, der sowohl zu Intellektuellen als auch zu Arbeitern sprechen kann.

Chen stammt aus dem Kreis Hezhang, Teil der Stadt Bijie in Chinas südwestlicher Provinz Guizhou, eine der ärmsten Regionen des Landes. Kohle, Eisen und Zink sind dort die Lebensadern, auch wenn diese selbst in chinesischen Medien aufgrund der ausgelösten Krankheiten eher als «todbringende Faktoren» bezeichnet werden. Chens Mutter verließ die Familie, als er noch in der Grundschule war. Chen schmiss die Schule und machte sich mit 14 auf nach Beijing, um einen Job zu finden. Nach zwei Jahren Arbeit auf Baustellen in der Hauptstadt zog Chen weiter nach Shanghai und begann dort Essen auszuliefern.

Die Branche begann gerade zu boomen: Von 2010 bis 2020 sollten sich die Verkaufszahlen in etwa verdreißigfachen. Heute ist der Markt für Essenslieferdienste mit rund 64 Milliarden US-Dollar doppelt so groß wie in den USA. Etwa sechs Millionen Fahrer beliefern über 450 Millionen Kunden.[1] Als Lieferfahrer konnte Chen zu Beginn oft das zwei- bis dreifache verdienen als in anderen Jobs für Arbeitssuchende vom Land. Die Arbeitsbedingungen waren ähnlich hart wie auf Baustellen oder in Fabriken. Chen sparte Geld und machte sich mit Hilfe von Freunden im Mai 2011 das erste Mal mit einem eigenen Lieferservice selbstständig.

Seine ersten zwei Mitarbeiter stattete Chen mit einem E-Bike, Walkie-Talkies und umgerechnet rund 100 Euro Wechselgeld aus. Nach der ersten Essensbestellung machten sie sich mit allem davon. Rund ein Jahr später nahm Chen Guojiang einen zweiten Anlauf. Dieses Mal war er etwas vorsichtiger und überlegter, gab den Anspruch, ein guter Chef zu sein, aber nicht auf. Chen bezahlte seinen Angestellten ein höheres Gehalt als branchenüblich. So hatte er gute und verlässliche Fahrer. Das war sehr wichtig, damit das Essen heiß und rechtzeitig zum Kunden kam. Denn Mitte der 2010er Jahre bezahlten die Kunden erst nach Erhalt des bestellten Essens und nicht wie heute direkt bei der Bestellung online. War das Essen kalt, bezahlten die Kunden manchmal gar nicht. Auch wenn der Laden gut lief, war Chen weit von schwarzen Zahlen entfernt und brauchte Geld, um die laufenden Kosten zu decken. Weil es für private Kleinunternehmer bis heute kaum Möglichkeiten gibt, bei den staatlichen Banken einen Kleinkredit aufzunehmen, musste Chen auf Kredithaie mit horrenden Zinssätzen ausweichen. Schließlich konnte Chen die Zinsen nicht mehr zahlen und musste sein Geschäft verkaufen. Aber er kam wenigstens ohne Schulden und sogar mit etwas Geld aus der Sache heraus. «Danach habe ich erst mal nicht mehr gewusst, was mein Ziel ist», erinnerte sich Chen in einem Interview[2], «aber ich musste ja leben, Miete zahlen. Meine ehemaligen Angestellten waren inzwischen bei anderen Firmen als Fahrer angestellt, also habe ich mich ihnen einfach angeschlossen». Das war zu Beginn des Jahres 2018. Durch einen Verkehrsunfall im Winter 2018 landete Chen daraufhin allerdings für sieben Tage im Krankenhaus.

Das scheint ein Wendepunkt für ihn gewesen zu sein. Er hätte viel Zeit zum Nachdenken gehabt, sagte Chen gegenüber Medien, was er mit seinen Erfahrungen nun als nächstes machen könnte. Chen entschied sich, nicht länger nur für sich zu kämpfen, sondern eine Stimme für seine Kollegen zu werden. Gemeinsam mit einem Freund rief er kurz nach seiner Entlassung aus dem Krankenhaus die «Allianz der Auslieferungsfahrer» ins Leben. Daher stammt auch sein Spitzname «Allianzvorsteher» oder «Anführer» (auf Chinesisch: 盟主 Méngzhǔ). Das Kernproblem, mit dem die Fahrer bis heute ringen: Die Algorithmenbasierten und auf Effizienzmaximierung ausgerichteten Bestellplattformen zwingen ihnen immer mehr Fahrten auf, mit immer kürzeren Lieferzeiten. Gleichzeitig reduzieren die Inhaber der Plattformen die Zustellkommissionen und Boni für ihre Fahrer. Chen und seine Kollegen entwickelten dagegen einige Techniken, um die Algorithmen auszutricksen: Sie schlossen sich zusammen, gaben Bestellungen weiter und fälschten auch Aufträge, damit sie mehr Punkte und damit Aussicht auf Bonuszahlungen ansammeln konnten.[3] Um Druck auf die Preis- und Kommissionspolitik der chinesischen Plattformen wie Ele.me (in etwa «Bist du hungrig?») oder Fengniao («Kolibri») auszuüben, schlug Chen seinen Kollegen vor, für bestimmte Bezirke keine Aufträge mehr zu übernehmen. Die Plattformen reagierten auch darauf – und Chen machte zum ersten Mal Bekanntschaft mit der Polizei.

Chen sagt, dass das Gesetz im Großen und Ganzen nicht schlecht sei und dass er an das Gute im Menschen glaube. Die meisten Konflikte würden eher durch mangelndes Wissen der Beteiligten entstehen. Er nannte das Beispiel eines Fahrers, der einen Wachmann attackierte, als dieser ihn nicht in die Wohnanlage lassen wollte. Der Fahrer bezahlte die Auseinandersetzung mit dem Leben und der Wachmann endete im Gefängnis. «Warum hat der Fahrer nicht die Polizei gerufen?», kommentierte Chen in einem Interview.[4] Das mag naiv klingen, aber Chen macht sich über die staatliche Autorität und ihre Befindlichkeiten auch keine Illusionen. Im Zuge seines expandierenden Kontextnetzwerkes war es ihm wichtig, nicht den Anschein einer organisierten Gruppe zu erwecken, z. B. durch ein Logo, wozu ihn viele überreden wollten. «Das hätte gegen das Gesetz verstoßen», so Chen.[5] Aber ein QR-Code als «Werbung» für all diejenigen, die Teil seines Netzwerkes werden wollten, schien ihm harmlos genug zu sein.

Ohne die chinesische Super-App WeChat wäre Chen niemals in der Lage gewesen, ein solches Netzwerk aufzubauen. Als Messenger-Dienst bekannt geworden, hat sich WeChat (auf Chinesisch 微信 Wēixìn) zu einer Plattform entwickelt, die zahlreiche In-App-Miniprogramme anbietet, mit anderen Apps interagiert und die gesamte digitale Software-Infrastruktur Chinas prägt.[6] Nachdem Chen die ständigen Freundesanfragen via WeChat und das Chaos in seinen fünf Gruppen unter fünf verschiedenen Namen zu viel wurde, sortierte er seine Kontakte nach Städten in insgesamt 16 WeChat-Gruppen. Deren Mitgliederzahl ist auf 500 begrenzt. Über ein sogenanntes öffentliches Konto, welches eine unbegrenzte Zahl von Nutzern abonnieren können, bot Chen kostenlose Rechtsberatung, Vermittlung in Streitfällen mit Restaurants oder Wachleuten, Reparatur von Motorrädern und Unterstützung bei Verhandlung mit Versicherungen. Via WeChat hatte Chen ein eigenes Kommunikationsnetzwerk in vielen großen Städten aufgebaut.

Die Verbreitung des Internets, sozialer Medienplattformen und von Handys Anfang der 2000er Jahre hat auch in der Volksrepublik dazu geführt, das Informationsmonopol des Staats durch die Kontrolle über traditionelle Medien zu durchbrechen. Menschen, die sich für ihre und die Interessen anderer engagieren wollten, hatten von nun an eine einfache und schnelle Möglichkeit, sich zu vernetzen und Informationen auszutauschen.

Das Jahr 2003 war ein Meilenstein in der Geschichte des chinesischen Aktivismus im Zeitalter des Internets. Damals waren erst 79 Millionen Menschen online, 31 Millionen über privat vernetzte Computer, viele Menschen nutzten noch Internetcafes. Die damals rund 240 Millionen Handybesitzer hatten noch keine Smartphones.[7]

Am 20. März 2003 sorgte der Tod des 27-jährigen Sun Zhigang im Krankenzimmer einer Strafanstalt in der südlichen Metropole Guangzhou für die erste virtuelle Welle der Empörung. Sun war ein Absolvent der Universität für Wissenschaft und Technik

Wuhan in seiner Heimatprovinz Hubei und arbeitete seit rund zwei Monaten bei einer Textilfirma in Guangzhou. Wie viele andere Zugezogene aus einer ländlichen Region, konnte Sun nicht einfach einen städtischen Wohnsitz registrieren. Eine solche Registrierung hätte ihm Zugang zu den ohnehin stark umkämpften Ressourcen in den sozialen Sicherungssystemen und dem Wohnungsmarkt verschafft. Seinen gültigen Personalausweis hatte Sun zu Hause vergessen, als er in eine Polizeikontrolle geriet. Die Beamten nahmen ihn – per Gesetz damals möglich – als mutmaßlichen «heimatlosen Herumtreiber» fest. Als seine Freunde rund drei Tage später seinen Personalausweis in die Strafanstalt brachten, war Sun verstorben, offensichtlich totgeprügelt von enthemmten Polizisten. Viele Menschen, auch Nicht-Wanderarbeiter, konnten sich mit der Wut gegen die Willkür von «denen da oben» identifizieren. Die durch das Internet verbalisierte öffentliche Empörung sowie der zusätzliche Druck durch Rechtswissenschaftler und Intellektuelle brachte nahezu revolutionäre Veränderungen: Der damalige Ministerpräsident Wen Jiabao schaffte im Juni 2003 die bestehenden Regeln für den «Gewahrsam und die Rückführung» von Personen, die keine gültigen Wohnsitzregistrierung besitzen, durch die Polizei ab. Zwei Beamte wurden wegen Totschlags verurteilt, zahlreiche andere bekamen Freiheitsstrafen. Die zunächst wegen augenscheinlich fingierten Korruptionsvorwürfen verhafteten Journalisten, die über den Fall Sun berichtet hatten, kamen frei. Nicht nur ihre Anwälte, sondern Menschen im ganzen Land feierten diese Ereignisse als Sieg der Macht des Volkes und den Beginn der durch das Internet gestärkten «Rechtsschutzbewegung». Eine Reihe von ähnlichen Fällen sollte folgen.[8] Insbesondere mit dem Aufkommen des Web 2.0 und der Messenger- bzw. Mikroblogplattformen in den 2000er Jahren entwickelten sich in China eine Reihe von unterschiedlichen Formen der Informationsverbreitung und der Interessensäußerung im Zusammenspiel zwischen den neuen digitalen Technologien und der Offline-Welt: Augenzeugen posteten Bilder und Kommentare von Katastrophen und Protesten, welche die Behörden früher einfach verschwiegen hätten. Mitarbeiter von Nicht-Regierungsorganisationen, aber auch einzelne Journalisten, Rechtsanwälte oder Unternehmer machten über das Internet auf Anliegen von allein gelassenen, an Staublunge erkrankten Bergbauarbeitern, sich einem Abriss widersetzenden und bedrohten Hausbesitzern in ländlichen Regionen oder diskriminierten Menschen mit Behinderung aufmerksam. Sie bekamen öffentliche Aufmerksamkeit und private finanzielle Unterstützung und erreichten immer wieder zumindest partielle Verbesserungen wie im Fall Sun Zhigangs.

Der damalige Parteichef Hu Jintao und der Premierminister Wen Jiabao galten als Teil einer Laissez-faire-Führung, die in einer Phase der relativen inneren Prosperität und internationalen Stabilität vieles laufen ließ bzw. lassen konnte. Die Verhaftung und das harsche Urteil gegen den Initiator der «Charta 08», Liu Xiaobo, im Dezember 2009 dämpften jedoch die Phase eines «Beijinger Frühlings». Die «Charta 08» enthielt, inspiriert durch die Charta 77, ein Programm für politische Reformen in der Volksrepublik und war ein Angebot an die kommunistische Führung. Tausende von Menschen aus unterschiedlichen Berufsgruppen und nicht wenige, die in parteistaatlichen Institutionen arbeiteten, unterzeichneten die Charta.

Als im Zuge einer «Jasmin-Revolution» im Internet vereinzelt Aufrufe zu «Spaziergängen» und Demonstrationen auftauchten, reagierte die chinesische Führung nervös. Der 2012 auf dem 17. Parteitag als Generalsekretär installierte Xi Jinping sah in der durch die Jahre des Laissez-faire aufgeweichten ideologischen Loyalität der Eliten und einer allgemeinen Orientierung an den eigenen Interessen eine große Gefahr für den gesellschaftlichen Zusammenhalt und damit den Machterhalt der kommunistischen Partei. Als einer seiner ersten Amtshandlungen gab Xi Studien in Auftrag, welche die Faktoren und Lehren aus dem Zusammenbruch der ehemaligen UdSSR herausarbeiten sollten. Als Ergebnis initiierte Xi zwei Kampagnen, die sowohl die Eliten als auch die Bevölkerung erreichen sollten: eine Initiative gegen Korruption unter den Kadern und eine zweite gegen öffentliche Intellektuelle und Aktivisten im Internet.

Am 22. April 2013 leitete die Kanzlei des Zentralkomitees der KPC das sogenannte «Dokument Nr. 9» an alle Partei- und Staatsorgane des Landes als Anweisung von der höchsten Führungsebene weiter. Es bezeichnete sieben «westliche Diskurse» u. a. über Konstitutionalismus, universelle Werte und Zivilgesellschaft als «schädlich» und rief zu einem «strikteren Management des ideologischen Schlachtfeldes» auf. In dem letzten Absatz verwies die Kanzlei explizit auf eine notwendige «Reinigung der Umgebung von öffentlicher Meinung im Internet».[9] Wenige Tage später, am 2. Mai, gab das staatliche Informationsbüro den Beginn eines konzertierten «Angriffs» gegen die Verbreitung von Gerüchten und gegen öffentliche Intellektuelle im Internet bekannt. Weitere Maßnahmen und Regulierungen sollten folgen. Die parteistaatlichen Behörden nutzten insbesondere eine Reihe von sehr breiten, bewusst nicht näher definierten inhaltlichen Kategorien, die sie mit bestehenden strafrechtlichen Verbrechen verknüpften, und erteilten Auflagen vor allem für Plattformbetreiber, aber auch für den individuellen Nutzer (s. Abbildung 1).

Abbildung 1: Zentrale Regulierungsbereiche für Online-Aktivismus

	Ebene	Verhalten	Konsequenzen
Inhalt	– «illegale Inhalte» (u. a. auch «Gefährdung nationaler Sicherheit» oder «Verleumdung chinesischer Kultur») – «vulgäre Inhalte» (z. B. Homosexualität; «zu wenig bedeckte» Körper; «hedonistischer Materialismus» – fixe und temporäre Zensur (z. B. Suchwörter wie «Tiananmen-Massaker» und damit verwandte Bilder und Links; Anweisungen zu aktuellen Ereignissen) – «Gerüchte» (nicht konkret definiert)	– Prüfung der Beiträge/ Umsetzung von Zensur durch Betreiber, teilweise automatisiert, teilweise durch eigene Zensur-Abteilungen – Propagandaabteilung der KPC formuliert Richtlinien und aktuelle Anweisungen für Berichterstattung und Zensur und kommuniziert diese an andere Medien	– Sperrung/ Löschung von Konten – Verhör, temporäre Festnahme – bis zu drei Jahre Freiheitsstrafe (bei Verbreitung von Gerüchten) – Selbstzensur
Akteure	– Registrierung mit Klarnamen – Speicherung personenbezogener Daten – Haftung von Gruppenadministratoren für alle Äußerungen in geschlossenen Chat-Gruppen – Verbot der Nutzung von nicht in China lizensierter VPN-Technologie – Lizenzpflicht für Nachrichtenplattformen und Blogger, die über aktuelle Themen publizieren	– Umsetzung durch Betreiber der Plattformen – Datenspeicherung durch Betreiber und Herausgabe im Falle einer Bedrohung für die «nationale Sicherheit» – Gruppenadministratoren rufen in ihren Gruppen zur «politischen Zurückhaltung» auf	– temporäre oder dauerhafte Sperrung von Konten – Schließung von Chat-Gruppen – Lizenzentzug von Plattformen bzw. Webseiten – langjährige Haftstrafen nach Strafgesetz für «Anstiftung zum Hass» oder «versuchten Umsturz der Staatsmacht»

Eigene Zusammenstellung

Rückblickend war das Jahr 2013 ein weiterer Wendepunkt und der Beginn einer bis heute andauernden ideologischen Verhärtung und systematischen Repression von Andersdenkenden und Andershandelnden.

Manche chinesische Internet-Akteure wählen deshalb eine Form des Engagements, welche von vornherein weniger auf Interessenvertretung als vielmehr auf Hilfe und Unterstützung abzielt. Jing Wang bezeichnet dies als «nicht-konfrontativen Aktivismus».[10] Die Professorin für Medien- und Kulturwissenschaft Chinas am MIT meint insbesondere Kampagnen von Umwelt-NGOs, karitative Initiativen oder auch Tech4Good-Plattformen. Wang sieht hierin nicht nur ein taktisches Zugeständnis an den chinesischen Parteistaat, sondern auch eine kulturelle Komponente des «Verbergens und Aushaltens» (隐忍 yǐnrěn).

Bis heute lassen sich sechs zentrale Formen des Online-Aktivismus identifizieren. Diese Klassifizierung ist eine Weiterentwicklung der Kategorisierung des Aktionsrepertoires von sozialen Bewegungen nach Jeroen Van Laer und Peter van Aest sowie der Typologie von Online-Protesten durch Sandor Veigh.[11] Diese sechs Formen sind als Idealtypen zu verstehen. In der Realität finden sich Überschneidungen bzw. Mischformen. Die Grenzen zwischen eher konfrontativen und eher weniger Aufsehen erregenden Formen sind nicht klar zu ziehen, da es hier entscheidend auf die Wahrnehmung und Beurteilung der parteistaatlichen Behörden ankommt. Neben der allgemeinen wirtschaftlichen und politischen Großwetterlage spielen aus Sicht Beijings die Deutlichkeit der Forderungen als autonome Interessensvertretung und der Grad der Organisation eine entscheidende Rolle.

Die einzelnen Typen werden im Folgenden anhand eines konkreten Beispiels kurz erläutert.

1. Online-Informationsfahndung

An dem sogenannten «Menschenfleischsuchen» (人肉搜索 rén-ròu sōusuŏ) beteiligen sich oft Tausend Netizens. Innerhalb von Stunden suchen sie nach persönlichen Daten von Personen und veröffentlichen diese im Internet. Auslöser sind in der Regel kriminelle und/oder moralisch verwerfliche Verhaltensweisen von vor allem korrupten Kadern. Deshalb lässt sich diese Form des Online-Aktivismus durchaus in seinem Ursprung als Protest gegen die parteistaatliche Obrigkeit verstehen. Gao Li definiert sie als «goal-oriented collective activity, which means that its participants collaborated not for entertainment (e.g. playing online games) or socializing (e.g. sharing pictures or videos) but in order to achieve a common goal, such as punishing targets accused of wrongdoing or to check official statements that were suspect in some way.»[12]

Aus Sicht von Li entstehen diese Suchen meist spontan, reaktiv aus einem spezifischen Anlass, haben ein spezifisches Ziel und nutzen den existierenden Freiraum innerhalb parteistaatlicher Behörden.

Prominentestes Beispiel war der Fall des KP-Funktionärs Yang Dacai, Direktor der Behörde für Unfallsicherheit in der Provinz Shaanxi, der 2012 bei der Besichtigung eines Unfallortes aus Sicht von Chinas Netizens auffällig gegrinst habe. Eine «Menschenfleischsuche» förderte zutage, dass Yang mehrere Luxusuhren besaß und diese gerne abwechselnd trug. Der KP-Kader wurde schließlich zu 14 Jahren Haft wegen Korruption verurteilt.[13]

Seit Mitte der 2000er Jahre sind zunehmend auch «unmoralische» Stars oder «unpatriotische» Bürger ins Visier solcher Aktionen geraten. Besonderes Aufsehen erregte der Fall einer chinesischen Studentin, die in ihrer Abschlussrede an der Universität Maryland die frische Luft und die Freiheit in den USA gelobt hatte. Nach einer harten «Menschenfleischsuche» veröffentlichten Netizens Informationen über den Wohnort ihrer Eltern in China. Derart unter Druck geraten, entschuldigte sich die Studentin am Ende für ihr angeblich «unpatriotisches Verhalten». Auch im Zuge der strikten Maßnahmen gegen die Covid-19-Pandemie initiierten einzelne Netizens solche «Informationsfahndungen» gegen Bürger, die gegen Auflagen und Vorschriften verstoßen hatten.

Der chinesische Parteistaat geht in der Regel gegen solche Informationsbeschaffungskampagnen nicht vor, da er insbesondere Unmut gegen lokale Kader nutzen kann, um die Wichtigkeit einer Disziplinierung durch die KPC zu unterstreichen. «Unpatriotisches» oder «unmoralisches» Verhalten durch öffentliche Anprangerung zu verurteilen, spielt der chinesischen Regierung ebenfalls in die Hände.

2. Online-Wohlfahrt

Wohltätigkeitsaufrufe über das Internet werden aufgrund der prominenten Kurznachrichtenplattformen Weibo und WeChat auch als «Wei»-Wohlfahrt bezeichnet. Im Mai 2008 lieferten Augenzeugen und Ersthelfer vor Ort Live-Bilder der schweren Verwüstung nach dem Erdbeben in der westlichen Provinz Sichuan. Der offensichtliche Pfusch am Bau bei den komplett eingestürzten Schulgebäuden und den Tausenden von verstorbenen Kindern löste eine Welle der Empörung, aber vor allem der Hilfsbereitschaft innerhalb weiter Teile der chinesischen Bevölkerung aus. Nicht wenige machten sich auf eigene Faust auf nach Sichuan, mobilisierten mithilfe der damals noch nicht blockierten ausländischen sozialen Medienplattformen Unterstützung und Aufmerksamkeit.

Die erste nicht katastrophenbezogene digitale Crowdfunding-Aktion startete der ehemalige Journalist Deng Fei mit seiner «Free Lunch for Children»-Kampagne im Jahr 2011. Deng hatte ein Jahr zuvor auf seinem Weibo-Konto Live-Updates hochgeladen, in denen Auseinandersetzungen zwischen zwei jungen Frauen, deren Haus vom Abriss bedroht war, und der Polizei zu sehen waren. Als Deng erfuhr, dass sich drei Verwandte der Frauen aus Protest gegen die Zwangsräumung angezündet hatten und nun Geld für die Behandlung im Krankenhaus benötigten, fragte er seine Anhänger auf Weibo nach Spenden. Zu Dengs Überraschung war dieser Aufruf erfolgreich. Als er von einem Lehrer auf dem Land von dem Mangel an Kantinen in Chinas Schulen, die in der Regel Ganztagsschulen sind, erfuhr, entschied sich Deng seinen Job als Journalist ganz an den Nagel zu hängen und sich seinem neuen Engagement zu widmen. Er postete Bilder von hungrigen Kindern und half den Schulen, spezielle Spendenkonten einzurichten. Innerhalb von sechs Monaten konnte Deng rund 3,7 Millionen Yuan sammeln. Auch einsetzende Debatten über die Echtheit der Fotos oder Datenschutz für die Kinder konnte den Erfolg von Dengs Aktionen nicht schmälern.[14] Ähnlich wie im Fall Sun Zhigang konnte Deng einen Achtungserfolg auch in puncto Politikveränderung verbuchen: Im Oktober 2011 beschloss die Regierung einen rund 2,5 Milliarden Yuan schweren Plan zur «Verbesserung der Ernährung» für Schulkinder in ländlichen Regionen.

Während parteistaatliche Behörden individuelles Engagement wie «Spenden-Initiativen» durchaus begrüßten, suchten sie diese «Mikro-Wohlfahrtsaktivitäten» jedoch in den folgenden Jahren zunehmend in staatliche oder kommerzielle Plattformen zu integrieren. Auch die Themen und konkreten Projekte versuchte

die Regierung durch ihre eigene karitative Agenda zu bestim-
men und Armutsbekämpfung oder Umweltschutz zu fokussie-
ren.

Wang merkt an, dass diese Art des Aktivismus auch anfällig
ist für die ideologische Vereinnahmung durch die chinesische
Regierung im Sinne einer «harmonischen Gesellschaft». Engagement und Hilfsbereitschaft sei besser zu handhaben als Rechts-
ansprüche und Interessensvertretung.

3. Online-Äußerungen

Online-Äußerungen als Protestform sind in ihrer Erscheinung
sehr vielfältig, sie können einzelne Schriftzeichen, Phrasen, Neo-
logismen, Symbole oder Bilder, jüngst auch verstärkt Memes,
umfassen. Unter einer Einparteienherrschaft ist sich nicht zu äußern oftmals die bequemste und ungefährlichste Haltung. Inso-
fern sind Online-Äußerungen durchaus Ausdruck von Interesse
und Mut. Der Forscher Han Rongbin sieht sie als «a means and
an end in themselves – while they are used to convey political
messages, they also transform political topics into cultural and
entertainment subjects.»[15] Populäre Online-Äußerungen mit
einer Protestbotschaft sind kurze «Kodewörter» wie z. B. «Zhao-
Familie», eine Anspielung auf die Mächtigen in Anlehnung an
die Besitzerfamilie im Roman «Ah Q» des bekannten Schrift-
stellers Lu Xun, oder auch «Dein Land» (你国 nǐguó) als Distan-
zierung von dem offiziellen «Mein Land» (我国 wǒguó) in Partei-
dokumenten oder offiziellen Texten. Auch Phrasen wie «Du
verstehst schon» (你懂的 Nǐ dǒng de) dienen als verschlüsselte
Nachricht, da man aufgrund von Zensur bzw. der Sensibilität
eines Themas nichts Weiteres dazu sagen kann.

Mitte der 2000er Jahre entwickelten chinesische Netizens eine eigene, fiktive (Gegen-)Welt mit einer Entstehungsgeschichte, Bewohnern und Aktivitäten, die sich als Ausdruck des politischen Protests verstehen lässt. Angefangen hat alles mit dem «Gras-Schlamm-Pferd» (草泥马 Cǎonímǎ), mit dem die Regulation von Schimpfwörtern in Foren umgangen werden sollte. Die Wendung «cao ni ma» ist ein Homophon zu einem vulgären Fluch («Mach's mit deiner Mutter»). Das «Gras-Schlamm-Pferd» wurde dann 2009 durch das «Lied vom Gras-Schlamm-Pferd» im Kontext des Harmonisierungs- und Zensurdiskurses des Staates weiter politisiert und steht nun für eine Kampfansage an die Kommunistische Partei und die Zensur. Das Gras-Schlamm-Pferd wird dabei als besonders widerstandsfähiges Tier ähnlich dem Alpaka beschrieben. Einige populäre Memes zeigen das Gras-Schlamm-Pferd, wie es gegen den Flusskrebs (河蟹 héxiè, ein Homophon des Wortes «Harmonie», das mit anderen Schriftzeichen geschrieben wird, 和谐 héxié) kämpft. Diese Tierwelt wurde nach und nach um weitere Tiere mit den verschiedensten Bedeutungen zum Zwecke der Zensurumgehung erweitert.

In der Regel werden zentrale Begriffe schnell von den chinesischen Behörden zensiert, was Netizens dazu anregt, neue, alternative Formen des verbalen Protests zu erfinden. Die Homophonie und Homographie der chinesischen Schriftzeichen eröffnet dabei viele Möglichkeiten. Es entsteht ein anhaltendes, von Seiten der Nutzer mit sehr viel Kreativität verbundenes «Katz-und-Maus-Spiel» zwischen den Zensoren und den Netizens.

Kommentare unter Nachrichten auf kommerziellen oder parteistaatlichen Medienplattformen sind für Chinas Internetnutzer eine Möglichkeit, sich zu äußern. Nicht selten schalten Medienplattformen deshalb bei als sensibel klassifizierten Themen die Kommentarfunktion ab. So geraten die Zensoren gar nicht erst in die Gefahr, durch zu viele Kommentare überschwemmt zu werden.

Zahlreiche, in der Regel bewusst eher vage definierte, nicht erlaubte Inhaltskategorien ermöglichen dem chinesischen Parteistaat flexibel und umfassend gegen unliebsame Online-Äußerungen vorzugehen, sowohl gegen die Autoren als auch die Plattformbetreiber. Aufgrund der Durchsetzung des Klarnamenregistrierungssystems, des Unter-Strafe-Stellens von Posts, die über mehrere tausend Male geliked oder 500 mal weitergeleitet worden sind, finden kritische Äußerungen zunehmend in semi-öffentlichen oder privaten Online-Gruppen statt, die als «Enklaven» bezeichnet werden können.[16] Auch hier hat der Parteistaat nachgesteuert: Chat-Gruppenbesitzer können nun für jede aus Sicht der Regierung «unangemessene Äußerung» eines Gruppenmitglieds zur Rechenschaft gezogen werden.

4. «Online-Unterstützung»

Die Übersetzung «Online-Unterstützung» für den chinesischen Terminus «weiguan» (围观), wörtlich, «etwas umzingeln und (zu) schauen» mag zunächst etwas verwundern. Passives «Zuschauen» galt im nicht-digitalen Kontext eher als Zeichen einer gelungenen Inszenierung des Parteistaats, z. B. als Teil der öffentlichen «Zur-Schau-Stellen»-Praktiken während der Kulturrevolution oder im Rahmen von sogenannten «Hart-zuschlagen»-Kampagnen der 1980er Jahre.

Manche Forscher sehen es als möglichen Ausdruck einer kulturellen Prägung, andere sehen die Sorge vor zugeschobener Verantwortung aufgrund einer oft vagen Rechtslage als Ursache für diese passive Haltung.[17] Im digitalen Kontext, so argumentiert u. a. der chinesische Internetforscher Hu Yong, sei das «Zuschauen» bzw. in diesem Sinne «Anteilnehmen» aber eher eine Art der «minimalen öffentlichen Partizipation» bzw. Druck-

ausübung auf parteistaatliche Behörden, sich eines Themas an-
zunehmen und dies nicht unter den Teppich zu kehren. «Online-
Zuschauen» lässt sich auch als Herausforderung eines totalitären
«Panoptizismus» (einige wenige sehen alles) durch einen pluralistischen «Synoptizismus» (viele sehen vieles) verstehen.[18]

Die bereits beschriebene Empörung und Anteilnahme nach
dem Tod des Wanderarbeiters Sun Zhigang lässt sich als «On-
line-Zuschauen» bzw. Online-Unterstützung verstehen.

Eine Ausdrucksform der Online-Unterstützung ist der – wie
auch in anderen Gesellschaften bekannte – temporäre Austausch
des eigenen Profilbilds durch ein Symbol oder eine Ikone als Zeichen der Solidarität. Beispielsweise tauchte im Zuge der Festnahme des blinden Anwalts Chen Guangcheng im Jahr 2021
plötzlich in vielen Profilen ein eigenes Bild mit schwarzer Sonnenbrille auf – das «Markenzeichen» Chens. Staatliche Behörden
weisen soziale Medienplattformen bei sensiblen Ereignissen
deshalb oft an, die Funktion des Profilbildwechsels zu sperren –
so geschah es als der Arzt Li Wenliang, der erstmals im Dezember 2019 Kollegen vor dem Ausbruch einer ansteckenden Lun-
geninfektion warnte und deshalb von Polizeibehörden mundtot
gemacht wurde, am 7. Februar 2021 an Covid-19 verstarb. Zwar
nicht als Profilbild, aber als Bild tauchte Lis Gesicht in zahlreichen Online Plattformen auf – mit Stacheldraht auf seinem
Mundschutz.

5. Online-Berichterstattung

Der Begriff «Bürgerjournalist» (公民记者 Gōngmín jìzhě) oder
auch «Journalist aus dem Volk» (民间记者 Mínjiān jìzhě) findet
sich interessanterweise als Eintrag in der chinesischen Online-
Enzyklopädie Baidu Baike, dem chinesischen Wikipedia (Wiki-

pedia selbst ist in der Volksrepublik geblockt).[19] Der Artikel beschreibt das Phänomen, stellt definitorische Überlegungen an und nennt als ersten «Bürgerjournalisten» den US-Amerikaner Matt Drudge, einen ehemaligen Souveniershop-Angestellten in Hollywood, der später als Nachrichten-Blogger als erster die Geschichte der Affäre zwischen Monica Lewinsky und Präsident Bill Clinton veröffentlichte. Der allerletzte Absatz weist dann auf die «unzähligen Veränderungen und Herausforderungen» hin, mit denen «Bürgerjournalisten» in China aufgrund der «speziellen staatlichen Besonderheiten und des politischen Systems» konfrontiert sind.

Bürger, die entweder als Augenzeugen vor Ort mit Hilfe ihres Handys und via sozialer Medien über ein aktuelles Ereignis berichten oder extra in eine Region fahren, um Informationen aus erster Hand zu liefern, werden auch von vielen Menschen in China gefeiert und geschätzt. Dass die parteistaatlichen ebenso wie die kommerziellen, privaten Medien oftmals nur einen Teil oder gar eine geschönte Version von realen Ereignissen berichten können, ist vielen Chinesinnen und Chinesen durchaus klar.

Seit 2004 stellt die chinesische Regierung offizielle Akkreditierungen für Journalisten insbesondere der parteistaatlichen Medien aus. Beijing verschärfte die Regeln für diese akkreditierten Medienvertreter im Jahr 2014 mit dem Verbot, unerlaubt «kritisch» bzw. über Ereignisse außerhalb des geographischen oder fachlichen Bereichs des Arbeitsgebers zu berichten. 2017 führte die Regierung dann eine Lizenz für Online-Portale ein, die über aktuelle Ereignisse veröffentlichen wollten und verschärfte im Oktober 2021 noch einmal explizit die Handhabe gegenüber Einzelpersonen, die als Informationslieferant auftreten und über aktuelle Ereignisse berichten. Im Zuge des Ukraine-Konfliktes wiesen die Behörden die Sperrung bzw. Löschung von chinesischen Bloggern wie Wang Jixian an, die aus Kiew oder

Odessa mit Kurzvideos über die Lage vor Ort berichteten[20] und mit der Ukraine sympathisierten – im Gegensatz zu den oft eher pro-russischen Darstellungen in den offiziellen Medien.

Das harsche Vorgehen der Behörden hat einzelne Chinesinnen und Chinesen nicht abgehalten, immer wieder mit einer Mischung aus Idealismus, Tatendrang und «einfach vor Ort sein» über aktuelle Geschehnisse in ihrer Umgebung zu berichten. Akkreditierte chinesische Journalisten sehen die «Bürgerjournalisten» in der Regel nicht als Konkurrenz, sondern oft als Ergänzung und Unterstützung, weil diese nicht den Vorgaben von Medienhäusern unterliegen.

Als erster «Bürgerjournalist» in China gilt der unweit der Heimat von Mao Zedong 1981 geborene Zhou Shuguang, besser bekannter als «Zola». Zhou brach sein Studium nach einem Jahr ab, als er sich schon tief als Autodidakt in die Welt der Online-Medien eingearbeitet hatte. Erst als Hobby-Blogger, später als unabhängiger Reporter wurde Zola im Jahr 2008 national bekannt, als er über mehrere mediale Großereignisse live vor Ort berichtete: zunächst über einen Fall von Selbstjustiz des Wanderarbeiters Yang Jia gegenüber Polizisten in Shanghai, über Widerstand leistende «Nagelhaus»-Besitzer, über die blutigen Unruhen gegen die lokale Polizei in Südchina und den Aufstand der Tibeter im Frühjahr 2008. «People deserve to know» lautet ein Banner auf Zolas aktueller Webseite. Auf chinesischen Medienplattformen ist er seit langem gesperrt: 2011 folgte er seiner taiwanesischen Frau nach Taipeh und besitzt seit 2018 auch einen taiwanesischen Personalausweis.

Während der ersten Monate der Covid-19-Pandemie und insbesondere in der Zeit des harten Lockdowns der Metropole Wuhan haben einige «Bürgerjournalisten» ihren Landsleuten und auch der internationalen Gemeinschaft durch Kurzvideos gezeigt, was die parteistaatlichen Medien nie zeigen: überlaufene

Krankenhäuser, Berge von Särgen, Schlangen vor den Krematorien, zugeklebte Wohnungstüren mit Überwachungskameras und mit Gewalt aus ihren Wohnungen zur Zwangseinweisung ins Krankenhaus verschleppte Familien. Mindestens zehn Bürgerjournalisten aus Wuhan nahm die Polizei fest. Manche von ihnen sind wieder aufgetaucht, wie der studierte Jurist Chen Qushi nach rund 18 Monaten. Chen wollte sich von der Protestbewegung in Hongkong 2019 ein eigenes Bild machen und begann Videos zu posten, die sowohl die Perspektive Beijings als auch die der Protestierenden zum Ausdruck brachten. Als die Behörden seine Konten auf Chinas sozialen Medienplattformen sperrten, wechselte Chen zu YouTube und Twitter. Nach Ausbruch von Covid-19 reiste Chen nach Wuhan, nahm zahlreiche Videointerviews auf und verschwand am 6. Februar. Im September 2021 tauchte Chen wieder auf und begann nach einer Zeit des Schweigens wieder Interviews zu geben und Videos zu posten – wenn auch deutlich zurückhaltender.

Zhang Zhan, eine Rechtsanwältin, der nach ihrer Beteiligung an der geschilderten «Rechtsschutzbewegung» die Lizenz entzogen wurde, wurde im Dezember 2020 wegen «angefangenem Streit und provoziertem Ärger» zu vier Jahren Haft verurteilt – als bislang erste und einzige der Covid-19-Informanten. Die Behörden hatten die im September 1983 geborene Zhang bereits 2018 gewarnt, sie würde «zum Umsturz anstiften». Von wieder anderen wie Fang Bin, einem Unternehmer aus Wuhan, der erstmals während des Lockdowns als «Bürgerjournalist» aktiv wurde, fehlte auch im Herbst 2022, zweieinhalb Jahre nach seiner Verhaftung am 9. Februar 2020, jede Spur.

6. «Online-Kampagne»

Mit «Online-Kampagne» ist im Unterschied zu den anderen Formen eine auf Vernetzung und Unterstützung zielende Aktion gemeint, die oft auch mit Offline-Aktivitäten einhergehen kann.
Diese setzen, wie bei Chen Guojiangs Kampagne, eine Einzelper-
son oder eine Gruppe als Initiator und einen Grad der Vernetzung bzw. der Kommunikation voraus. Zudem formulieren die
Teilnehmer klare Ziele und Forderungen.

Kampagnen zeigen immer wieder die besonderen Herausforderungen für engagierte Netizens auf. Hashtags spielen auch
in China eine wichtige Rolle. Da Behörden diese dann schnell
zensieren, erfordert dies eine ständige Anpassung solcher mobi-
lisierender Signalworte. Als der Hashtag «MeTooinChina» im
Zuge der in China Anfang 2018 von Studentinnen und Mitarbeiterinnen an Universitäten initiierten Kampagne gegen sexuellen
Missbrauch und Diskriminierung verboten wurde, wichen die
Unterstützer u. a. auf «米兔», gesprochen «mǐ tù « und die Schriftzeichen für «Reis» und «Hase» aus, später auf die entsprechenden Emoticons oder Schriftzeichen, welche die Aussprache von
«Reis» und «Hase» in lokalen Dialekten phonetisch ausdrücken
können. Allerdings verfolgten Behörden dann auch diese Hashtags, um Unterstützer der Kampagne zu identifizieren und teilweise abzustrafen.[21]

Der Fall eines viral gegangenen Videos einer angeketteten Frau
und Mutter von acht Kindern in der südlichen Provinz Guizhou
im Februar 2022 ist das jüngstes Beispiel einer Online-Kampagne.
Da der Fall zur Zeit der Olympischen Winterspiele in Beijing
hochkochte, versuchten die Behörden zunächst den Vorfall her-
unterzuspielen.

Sie ordneten entsprechende Zensurvorgaben an, lancierten ein Gegennarrativ (die Frau sei «geistig krank» und legal mit ihrem Ehemann verheiratet), ließen einige besonders aktive Netizens kurzzeitig verhaften und platzierten andere Themen durch entsprechende Algorithmenunterstützung in den Rankings der sozialen Medien. Empörte Netizens sorgten nicht nur dafür, dass viele Internetnutzer in einer Art zweiten #MeToo-Welle über ihre Erfahrungen mit Menschenhandel, besonders dem Handel mit Frauen berichteten, sondern auch für zahlreiche Petitionen, welche die Regierung zu einer umfassenden Untersuchung des Falles aufforderten. Aufgrund der anhaltenden Rufe nach einer Aufklärung des Falls sah sich die Regierung zu mehreren Berichten gezwungen. Behörden nahmen mindestens drei Menschen, u. a. auch den Ehemann der Frau, in Haft und straften 17 lokale Offizielle wegen Amtspflichtsverletzungen ab. Systemische Änderungen, wie gesetzliche Verschärfungen oder tiefer gehende Ursachenforschung, blieben allerdings bis dato aus.

Wie sehr sich in der Realität diese idealtypischen Formen vermischen, zeigt der Fall des Auslieferfahrers Chen Guojiang. Nach seiner Festnahme initiierten Unterstützer eine Online-Spendenkampagne. WeChat wurde auch für sie eine wichtige Plattform: Die Familie sammelte innerhalb von zehn Stunden rund 120 000 Yuan (umgerechnet rund 19 000 Euro). Die Behörden zensierten Diskussionen über Chens Fall und nahmen WeChat-Nutzer, die Nachrichten über Chen weiterleiteten, in die Mangel. Bei Empfang einer Nachricht mit Spendengesuch erschienen Pop-up-Warnungen, die Handybesitzer vor einem «Betrugsrisiko» warnten. Danach bat die Schwester von Chen darum, keine weiteren Spenden mehr zu übermitteln.[22]

Das Konterfei von Chen Guojiang, vor allen Dingen sein blauer Helm, wählten nicht wenige seiner Unterstützer nach seinem

Verschwinden als Form der Online-Unterstützung. Dies war offenkundig eine Zeit lang möglich. Manche Lieferfahrer verbanden die Forderungen nach Chens Freilassung mit einer weiteren Online-Kampagne zum Aufruf von Arbeitsniederlegungen und initiierten kleinere Streiks.[23] Einen Monat nach seinem Verschwinden machten die Behörden klar, dass sie Chen nach Paragraf 293 des chinesischen Strafrechts wegen «Anzettelung von Streit und Provokation von Ärger» verhaftet hatten – eine beliebte, da sehr beliebig auslegbare Strafkategorie, auf der bis zu fünf Jahre Gefängnis stehen. Dann hörte man von Chen lange Zeit nichts.

Im Januar 2022 gab Chen ein Lebenszeichen von sich über seinen Douyin-Kanal. In dem Video läuft er zu kantonesischer Pop-Musik eine Straße entlang, man sieht ihn die meiste Zeit von hinten. Nur zum Schluss dreht Chen sich einmal um und winkt: «Brüder, wir werden uns wiedersehen, vielleicht treffen wir uns mal.» Beobachter bezweifeln, dass er das Video freiwillig gedreht hat. Auffällig ist, dass etwas fehlt, was zum Symbol für Chens Einsatz geworden ist: sein blauer Helm.[24]

Ist es den parteistaatlichen Behörden also – wieder einmal – gelungen, eine Protestaktion zu ersticken? Möglicherweise. Bis heute hat es der chinesische Parteistaat nicht geschafft, das Auftreten von individuellen Protestierenden wie Chen vollständig aus dem virtuellen Raum zu verbannen. Die Geschichte Chens zeigt exemplarisch, dass Chinas Internet als Kommunikationsmittel umkämpft bleibt. Es ist in jedem Fall nicht ausschließlich ein Instrument des digitalen Leninismus[25] in den Händen des chinesischen Parteistaats. Die Macht einzelner Aktivisten wie Chen Guojiang bleibt für die KPC eine anhaltende Herausforderung.

6.

Rauschsüchtige und Spielende

«Meine Ambition ist es, meinen Fans alles anzubieten,
was sie möglicherweise brauchen. Türklingeln, Teppiche,
Zahnbürsten, Möbel, Matratzen, alles.»[1]

Viya, Livestreamerin

Viya, die «Königen des Livestreaming», ist eine der Meisterschülerinnen des entfesselten Kommerzes der Kommunistischen Partei. Viya war einer der größten Stars des Livestreaming-Kanals von Taobao, Chinas erster und größter E-Commerce-Plattform.

Der chinesische Parteistaat hat zunehmend den Eindruck, die Geister des Kommerzes nicht mehr ganz im Griff zu haben und so musste Weiya, so lautet ihr chinesischer Name, entthront werden.

Ende Dezember 2021 verhängte das nationale Steuerbüro eine Strafe von umgerechnet rund 191 Millionen Euro gegen sie – fast das Doppelte der Summe an Steuern, die sie laut des Büros unterschlagen bzw. zu wenig gezahlt habe.

Sie sei «absolut schuldig», akzeptiere die Entscheidung und würde die Strafe zahlen, meldete sich Viya prompt über ihr Weibo-Konto zu Wort. Ihre Konten wurden gesperrt und zwei ihrer aktiven Firmen in der öffentlich einsehbaren Datenbank des sozialen Bonitätssystem für Firmen mit dem Label «nicht normale Aktivitäten» versehen. Laut Recherchen von chinesischen Journalisten existieren insgesamt 18 Firmen unter Weiyas Namen, bei 12 war sie als juristische Person eingetragen. Fünf der Unternehmen wurden bereits im Laufe des Jahres 2021 registriert.[2]

Viya (Weiya) Huang, geboren am 7. September 1985, entstammt einer Kaufmannsfamilie aus der zentral-östlichen Provinz Anhui. Mit 18 eröffnete sie ihren ersten eigenen Laden in Beijing gemeinsam mit ihrem damaligen Freund und späterem Ehemann. Huang stand vorne und verkaufte, ihr Freund kümmerte sich um den Einkauf und das Finanzielle. Nach einem kurzen Ausflug in die Musikbranche als Bandmitglied eröffneten sie und ihr Freund weitere Läden in Xian, 2012 sattelten sie dann auf die E-Commerce-Plattform Taobao um. Als Taobao 2016 einen der ersten Livestreaming-Kanäle eröffnete, registrierte sich Viya sofort.

«Meine Ambition ist es, meinen Fans alles anzubieten, was sie möglicherweise brauchen», sagte Viya in einem Interview gegenüber Bloomberg, «Türklingeln, Teppiche, Zahnbürsten, Möbel, Matratzen, alles.»[3]

Sie hat ein längliches, schmales Gesicht, lange, glänzende dunkle Haare, dichte Augenbrauen, große Augen und eine überraschend tiefe Stimme. Eine Stimme, die ordentlich Fahrt aufnehmen kann und unermüdlich die Vorteile des Produkts aufzählt. Wirkungsvolle Pausen macht sie, wenn sie ihr sehr natürlich wirkendes Lächeln zeigt. Das Besondere: Sie nutzt die angepriesenen Dinge, sprich, sie isst, sitzt, liegt, je nachdem, was sie gerade an den Mann bzw. die Frau bringen will. Sie nutzt sie auf eine nahezu alltägliche Art und Weise, lobt sie auch nicht in den Himmel.

Ihr Handy ist immer griffbereit, sie kündigt in der Regel an, das beworbene Produkt selbst kaufen zu wollen und startet dann eine Art Countdown. Dann erscheint der Link für die Käufer zum Draufklicken.

Neben ihr sitzt oft eine wie ihre jüngere Schwester wirkende Assistentin, deren Aufgabe es ist, sie im Dialog zu begleiten. Aus dem Hintergrund hört man Zwischenrufe über den Bestellstand, manchmal auch Details über Orte oder genaue Anzahl. Oder sie fragt aktiv danach. Für ihr Publikum fordert sie dann, die Bestände schnell aufzustocken – oder wenigstens die Gläser zum ausverkauften Joghurt hinzuzugeben. Knappheit heizt potenziellen Käufern noch mehr ein.

Da ihre Fans ihre wichtigsten Ressourcen sind, kümmert sie sich aber auch, wenn sich jemand im Chat über ein Produkt beschwert. Viya versucht dann, das Problem zu lösen. Es ist diese Mischung aus persönlichen Alltagskommentaren, Leichtigkeit und Authentizität, die sie vermittelt und die ihr den Erfolg bringt.

Meistens streamt sie aus dem Studio des Hauptquartiers ihrer Firma Qianxu in einem 10-stöckigen Warenhaus in der Stadt Hangzhou. Ihr Mann ist der Chef des Unternehmens, ihr Stiefbruder Alves «Aoli» Huang der CEO. Im 2. und 3. Stock des Gebäudes befindet sich eine Art privates Kaufhaus mit allen Produkten, die Viya bewirbt. Das Publikum kann dort mit ihr durch die Gänge laufen. Einmal am Tag zeigt ihr Team ihr eine Auswahl an neuen Produkten. Nicht alle finden Viyas Gefallen, manche sind zu laut, zu süß oder zu teuer.

Im April 2020 verkaufte sie einen Raketenstart für rund 5,69 Millionen Euro. Im Monat davor erreichte sie einen Publikumsrekord mit rund 37 Millionen Zuschauern. 2018 verdiente sie laut Alibaba, dem Mutterunternehmen von Taobao, 4,27 Millionen Euro. Ihren Umsatzrekord machte sie am sogenannten «Single's Day» – auf Chinesisch wörtlich «nackter Stock-Tag (光棍节 Guānggùnjié)», dem 11. November.

Die Ursprünge des «Single's Day» lassen sich ins Jahr 1993 zurückverfolgen. Studenten der Universität Nanjing suchten sich diesen Tag aus, um ihr Single-Dasein zu feiern. Manche Männer eher unfreiwillig, weil sie sich aufgrund des Geschlechter-Ungleichgewichts wenig Chancen ausrechneten, wirklich eine Freundin bzw. eine Frau zu finden. Andere feierten es als

Befreiung vom sozialen Druck, einen Partner zu finden und zu heiraten. Die vier Einsen im Datum des 11.11. – im Chinesischen genau wie im US-Amerikanischen in der Regel ohne den deutschen Haken oben geschrieben – sollten dabei metaphorisch für einen Single stehen, der allein unterwegs ist. «Die Nr. 11 nehmen» (坐11路), bedeutet im Chinesisch zudem «zu Fuß gehen». Geld ausgeben spielte damals auch schon eine Rolle, allerdings eher in Bezug auf Aktivitäten wie Karaoke oder Bar-Besuche mit speziellen Angeboten für den «Single's Day». Das gemeinsame Feiern stand im Vordergrund. Hinweise auf Geschenke, z. B. ein Kissen in Form eines Arms, fanden sich in sozialen Medien damals kaum.[4]

2009 bot Alibaba erstmals spezielle Sonderangebote an diesem Tag an. Das Motto der damit verbundenen Werbekampagne lautete: Wenn du keinen Freund oder keine Freundin hast, der oder die sich um dich kümmert, kümmere dich um dich selbst, indem du dich mit Geschenken verwöhnst. Netizens tauschten sich auf sozialen Medien über ihre Shopping-Erfahrungen aus und nahmen das vorgegebene Narrativ von Alibaba auf und bestätigten es. Andere Unternehmen folgten bald ihrem Beispiel. Im chinesischen Jahreskalender liegt dieser Tag zwischen der sogenannten «Goldenen Woche» (die Ferien um den 1. Oktober) und dem chinesischen Neujahrs- oder Frühlingsfest.

Begeisterte Fans bereiten sich akribisch auf diesen Tag vor, teilen Shopping-Listen, Tipps für Kaufstrategien und bilden Gruppen für noch größere Rabatte. Bis kurz vor Mitternacht des 11. November wachzubleiben, ist Teil des Spektakels.

Einige chinesische Journalisten und Nutzer wiesen damals schon auf die Gefahren hin: erst erhöhte, sodann künstlich wieder gesenkte Preise, Verschuldung oder gefälschte Waren. Die chinesischen Behörden gingen lange Zeit nur punktuell gegen Produktpiraterie vor. Die Regierung akzeptierte bzw. förderte den «Black Friday» eher als willkommenes Konsum ankurbelndes Ereignis.

Während beim «Black Friday» in den USA eher starke Rabatte auf Haushalts- und Unterhaltungsprodukte im Vordergrund stehen, rücken Plattformen in China schnell auch teurere Luxusprodukte in den Mittelpunkt. Für Unternehmen wie Alibaba oder JD.com hat sich der «Single's Day» zu einem wichtigen Pfeiler ihres Gesamtumsatzes entwickelt. 2021 erzielte Alibaba ein Bruttowarenvolumen von rund 7,5 Billionen Yuan (1,09 Billionen Euro), davon rund 540,3 Milliarden Yuan (rund 78,42 Milliarden Euro) in der mittlerweile 11-tägigen Periode rund um den Verkaufstag. Während für Alibaba die Umsatzsteigerung am «Single's Day» mit rund 8% so gering ausfiel wie nie zuvor, erzielte der Konkurrent JD.com wiederum zweistellige Zugewinne.

2020 weiteten Alibaba und auch andere Plattformen zum ersten Mal die Phase des sogenannten «Pre-Sales» aus und begannen mit entsprechenden Angeboten bereits Ende Oktober – nicht nur, um den Covid-19-bedingten Umsatzeinbruch des Jahres etwas aufzufangen, sondern auch um mit Verzögerungen und Ungewissheiten bei den Lieferungen besser umzugehen. Chinas Konsumenten zeigten gemischte Reaktionen. Während manche es als Flexibilisierung und Möglichkeit für mehr passende Angebote betrachteten, fehlte anderen der ursprüngliche Kick des traditionellen, auf 24 Stunden beschränkten «Single's Day».

Möglicherweise war die Streckung des Shopping-Events im Herbst 2021 auch eine taktische Maßnahme von Alibaba und Co mit Blick auf die anhaltende staatliche Regulierung bzw. die Auflagen der chinesischen Regierung: Durch das von Beijing erzwungene Ende von exklusiven Deals für Anbieter und die Öffnung auch für andere Zahlungsdienste wie die des Konkurrenten WeChat-Pay bangte Alibaba möglicherweise um seine

Umsätze. Nicht nur das Unternehmen aus Hangzhou, sondern auch seine Konkurrenten waren zudem auffällig darum bemüht, ihr Engagement um Nachhaltigkeit zu betonen – sei es der Ausgleich für CO_2-Emmissionen oder philanthropische Aktivitäten.[5]

Selbst wenn der «Single's Day» an Einzigartigkeit verliert, Shopping – oft auch mit dem phonetisch gleichklingenden «Blut rackern» (血拼 Xuèpīn) umschrieben – als eine gefeierte und digitalisierte Selbstdarstellung ist Teil des Selbstverständnisses vieler Chinesinnen und Chinesen geworden. Auch der gemeinschaftliche Aspekt – bei kollektiven Rabatt-Angeboten oder gegenseitigem Anspornen – gehört zum digitalisierten Shopping-Angebot dazu.

Eine Besonderheit des Online-Shoppings in China ist der sogenannte «Gruppen-Kauf» (团购 tuángòu) im Kontext eines mehr oder weniger vertrauten Offline-Kreises. Die Idee entstand, als im Jahr 2015 drei Nachbarn aus dem Shanghaier Lianyang Wohnviertel im Stadtteil Pudong darüber nachdachten, wie sie regelmäßig frische Bio-Agrarprodukte zu erschwinglichen Preisen erwerben könnten. Ihre Idee: Bauern in der Umgebung zu helfen, Verkaufskanäle bzw. Kunden zu erschließen – und einen so großen Kundenstamm aufzubauen, der es dann ermöglichte, einen guten Preis auszuhandeln. Schnell waren sich Ehemann Xia Ning, seine als «Chongma» (wörtlich «Mutter der Insekten») bekannte Frau und ihr Nachbar Hua Hongwei einig, am besten in ihrem Wohnviertel anzufangen. Um die Aufmerksamkeit ihrer Mitbewohner zu erregen, nutzten sie ihr frisch erstandenes, damals auf Chinas Straßen noch seltenes Fahrzeug der US-Marke Tesla – und, so geben es chinesische Medienberichte wieder – auch die Schönheit von «Chongma». Ihre Rechnung ging schnell auf: Der Tesla war nicht nur ein Zeichen des relativen Wohlstands, sondern auch des Vertrauens – wer sich so ein Auto leisten konnte, würde schon kein Betrüger sein, dachten offen-

sichtlich viele Nachbarn. Die Gründer von «Chongma Linli»,
übersetzt so viel wie «Insektenmutter unter den Nachbarn»,
boten die Ware zunächst auf einem kleinen Stand neben dem
Tesla an und baten Käufer, per QR-Code ihrer WeChat-Gruppe
beizutreten. Nach und nach entstanden ähnliche Gruppen in anderen Wohnvierteln, die Stände mit Obst verschwanden, dafür
entstanden Abholstationen.[6] Dort können die Kunden ihre vor-
bestellten Waren abholen, nachdem sie online bezahlt haben.
Die Nachfrage explodierte insbesondere in mittelgroßen und
kleineren Städten. Chinas große IT-Unternehmen, von Alibaba
über JD.com bis hin zu Pinduoduo, haben entweder eigene Plattformen für Lebensmittel gegründet oder in bestehende investiert. Während der Covid-19-Pandemie stieg die Nachfrage erneut – nun forderten allerdings viele Kunden die Lieferung an
die Haustür bzw. den Eingang eines Wohnviertels, da sie oftmals
längere Zeit ihrer Wohnungen nicht verlassen durften. Plattformen starteten einen Preiskampf und unterboten sich mit immer
größeren Rabatten für große Gruppenbestellungen. Jede Plattform hatte regelmäßig wechselnde Sonderangebote zum Preis
von 0,01 Yuan. Dies rief schließlich Chinas Regulierungsbehörden auf den Plan, die bereits ganz grundsätzlich die aus ihrer
Sicht gierigen IT-Unternehmen ins Visier genommen hatten. Die
staatliche Behörde für Marktregulierung verhängte im März
2021 gegen eine ganze Reihe von Anbietern, u. a. auch das von
Alibaba unterstütze Unternehmen Nice Tuan, empfindliche
Geldstrafen wegen Preis-Dumpings und Betrugs von umgerechnet mehreren hunderttausend Euro. Die Plattformen mussten
ihre Super-Sparpreise sowie Rabatte für große Gruppen einstel-
len, einige von ihnen gingen bankrott. Die Internetunternehmen
würden «nur an Traffic auf ihren Plattformen, getrieben von
Profit, denken», so klagte ein Kolumnist mit dem Pseudonym
«Chang Sheng» (übersetzt ungefähr «immer prosperierend»).

Sie sollten sich lieber auf die technologischen Neuerungen in Bereichen konzentrieren, die China dabei helfen würden, den Wettbewerb mit den USA zu gewinnen, wie Halbleiter oder autonomes Fahren.[7]

Nicht zu gierig zu werden, ist die jüngste Devise, mit der die chinesische Regierung versucht, dem aus ihrer Sicht zunehmend chaotischen und sich staatlicher Kontrolle entziehenden Konsum- und Entertainmentbereich Herr zu werden; nachdem sie diesem in der Hoffnung auf einen neuen Wachstumsmotor jahrelang freien Lauf gelassen hat. Dass man zudem nicht zu «unpatriotisch» sein dürfe, ist ein schon älteres, aber immer noch wirkmächtiges Narrativ, mit dem chinesische Kader die Dynamik des Konsums zu lenken suchen. Feurige, nationalistische Boykottaufrufe gegen Produkte von ausländischen Unternehmen, die selbst oder ihre Regierungen aus Sicht von Netizens gegen chinesische Interessen verstoßen, lassen die Behörden in der Regel laufen oder befeuern diese sogar. Im Frühjahr 2021 richtete sich die Online-Wut gegen Textilhersteller wie Nike, Adidas oder H&M, die aufgrund zunehmender Compliance-Anforderungen keine Baumwolle aus der nordwestlichen Region Xinjiang mehr beziehen wollten. Xinjiang war durch die dortigen Internierungslager und andere Menschenrechtsverletzungen gegen die muslimischen Minderheiten der Uiguren und Kasachen ins Visier vieler liberal-demokratischer Staaten geraten. Da sich die Online-Aktivitäten aber in allzu gewalttätige Offline-Aktionen wie Attacken gegen Kunden oder chinesische Verkäufer in den Läden entluden, schritten die Behörden irgendwann doch ein. Neben möglichen diplomatischen Verwerfungen fürchtet Chinas Regierung auf Basis von Erfahrungen aus den 1990er und 2000er Jahren, dass sich nationalistische, anti-US-amerikanische oder auch anti-japanische Proteste durchaus gegen die chinesische Regierung selbst richten könnten. «Warum habt ihr

den ausländischen Kapitalisten lange Zeit so viel Freiheit einge-
räumt und somit indirekt zur sozialen Ungleichheit beigetra-
gen?», sagen die einen, eher im linken Milieu angesiedelten
Stimmen. «Warum seid ihr so zögerlich und geht nicht endlich
mit härteren Bandagen gegen die USA vor?», sagen die anderen.

«Zu vulgär», «zu unmoralisch» oder «zu ungesund» sind weitere Kategorien, welche die chinesischen Behörden bemühen,
um das Konsumverhalten ihrer Bevölkerung zu kontrollieren
und zu beeinflussen. Oftmals stehen auch hier ausländische Se-
rien oder Produkte im Fokus der Kritik – aber zunehmend auch
chinesische. Küsse dürfen nicht zu lang sein, Röcke nicht zu
kurz, homosexuelle Beziehungen oder Themen sollten überhaupt nicht mehr auftauchen, Gesichtsausdrücke müssen natürlich und nicht übertrieben sein, Männer nicht zu verweichlicht,
aber auch ohne Tattoos und Frauen nicht zu sexy. Diese Forderungen führten immer wieder zu Absetzungen oder Verboten
von Fernsehserien, Cartoon-Reihen oder Filmen. Als der 26-jäh-
rige Blogger Luo Huazhong im Frühjahr 2021 über die Plattform
Baidu Tieba seine Kehrtwende hin zu einem minimalistischen
Lebensstil propagierte, der nur zwei Mahlzeiten pro Tag, Gele-
genheitsjobs und viel philosophische Lektüre beinhaltete, hätten
die chinesischen Behörden ihn als sozialistischen Modellarbeiter
auszeichnen können. Denn Luo hatte schließlich der Gier und allem «Vulgären» eines Konsumrauschs entsagt. Luos Lebensstil
fand schnell viele Anhänger – und mit dem Sprachbild «sich
flach hinlegen bzw. alle Viere von sich strecken» (躺平 tǎng píng)
auch eine Art ikonographischen Kristallisationspunkt, der in
zahlreichen Memes und Cartoons im Internet zunehmend Verbreitung fand. Als «Sich Hinlegen-ismus» entstand zunehmend
eine Art Gegenbewegung zum aufgezwungenen Hamsterrad
von harter Arbeit, die außer einem Gefühl der permanenten Erschöpfung und Betäubung keine anhaltende oder tiefergehende

Sinnstiftung anbietet. Das musste der chinesischen Regierung irgendwann zu weit gehen. Chinas Cyberbehörde ordnete eine strikte Zensur gegen den Begriff und damit verwandte Memes und Sprachbilder an. Parteistaatliche Medien brandmarkten die Einstellung des «alle Viere von sich strecken» als «schandvoll» und nicht produktiv. Einzelne Professoren und Medien äußerten Verständnis für die Erschöpfung und die Sehnsucht nach mehr Lebensqualität. Der Nerv, den der Begriff und die Diskussionen um «alle Viere von sich strecken» offensichtlich sowohl bei vielen Chinesinnen und Chinesen als auch bei den parteistaatlichen Behörden getroffen hat, zeigt, dass die einfache Formel «Mehr Konsum ist immer gut und lässt Fragen der politischen Teilhabe verblassen» so nicht mehr stimmt. Dass die Kommunistische Partei den Unterhaltungsbereich, den sie zunächst lange Zeit tolerierte, zunehmend ideologisiert, hat soziale, politische und auch wirtschaftliche Folgen.

Auch der Gaming-Bereich ist davon nicht verschont geblieben – der ebenfalls keine zu vernachlässigende Größe für China ist. Chinas Spiele-Industrie ist die größte der Welt – rund 720 Millionen Menschen, 65 % der Bevölkerung, spielen Computerspiele und der Gesamtumsatz beträgt umgerechnet rund 46 Milliarden US-Dollar.

Das IT-Unternehmen Tencent, bekannt für seine Plattform WeChat (Weixin), ist durch seine Spiele groß geworden. Mit 174,3 Milliarden Yuan (umgerechnet 24,82 Milliarden Euro) hat die Firma mit Hauptquartier in Shenzhen 2021 rund ein Drittel ihres Jahresumsatzes (31 %) der Spieleindustrie zu verdanken. Damit liegt Tencent weltweit auf Platz 1 – 1,4 Milliarden US-Dollar vor dem Zweitplatzierten Sony.[8]

Chinas rund 720 Millionen Gamer leben eher in kleineren Städten (76,3 %), die rund 70 % zum Umsatz der Spiele-Industrie beitragen.[9] Mobile Spiele sind auch in der VR China der

Trend: Nahezu alle Gamer Chinas spielen auf ihren Handys, während nur rund die Hälfte auf PCs spielen.

Neben eigenen Spielen hält Tencent auch Anteile an den weltweit beliebtesten Spielen wie «League of Legends», «Fortnite» oder «Clash of Clans». Interessant ist, dass rund 48% der insgesamt rund 720 Millionen Gamer Frauen sind.

Chinas E-Sports-Markt gehört zu einem der am schnellsten wachsenden Bereiche. 70% von Chinas Gamern sind auch dort engagiert. Die Marktgröße entspricht in etwa dem Jahreseinkommen von Tencent.

Wang Chunyu, Spieler-ID und Spitzname «Ame», ist Chinas bekanntester E-Sportler und einer der bekanntesten weltweit. Wang, geboren am 7. April 1997, hat eine lange, schmale Nase, große Augen und ein nahezu kantenloses Gesicht mit feinen Zügen. Auf Chinas populärer Messaging-Plattform Weibo hat Wang (138 000 Follower) einen Cartoon-Charakter mit lila Augen und grauen Haaren als Profilbild. Damit könnte Wang durchaus «gefährlich» leben: Männliche Stars, die zu androgyn wirken, zu «unmännlich», will die chinesische Regierung zunehmend aus dem Entertainment-Bereich verbannen.

Neben dem Japanisch klingenden Spitznamen hat Wang – bewusst oder nicht – sich auch noch eine chinesische Spieler-ID zugelegt: «xiaose». Das bedeutet u. a. «rauschen (in Luft)» und auch «trostlos und desolat». Vor allem aber stammt dieser Ausdruck aus Gedichten der Tang-Zeit – aus Sicht von einigen Wissenschaftlern die Blütezeit der chinesischen Kultur und ein, wenn nicht der Kern des chinesischen Stolzes auf die eigene Tradition. Damit stellt sich der junge Game-Star in eine offiziell gern gesehene Liebe zu ausgesuchten Traditionen der chinesischen Kultur.

Auch sonst ist Wang jemand, auf den die chinesische Regierung stolz sein kann – ein echter Vorzeigespieler. Seinen Durchbruch in der Gaming-Szene erzielt Wang im Jahr 2015, als er – damals gerade 18 Jahre alt und seinen Schulabschluss in der Tasche – auf einem nationalen Turnier des US-amerikanischen Multiplayer-Online-Spiels «Defense of the Ancients (DOTA) 2» seinem Team zu einem 2. Platz verhalf.

International machte Wang bald von sich reden: 2019 wurde er zum besten Newcomer des Jahres gekürt. Zwei Jahre später brachte er sein DOTA-Team ins Finale, auch wenn er schließlich dem Team seines Kontrahenten unterlag. Seine erfolgreiche Gaming-Bilanz brachte ihm auch die Nominierung als «Spieler des Jahres» ein. Rund 3,4 Millionen US-Dollar hat Wang schon im Laufe seiner Spielerkarriere verdient – damit führt er die Liste von Chinas Top-E-Sports-Profis an.

Wang hat auch einen Twitter-Account (E. T. love Wang Chunyu). Seiner Posts nach zu urteilen, benutzt er diesen eher unregelmäßig – vielleicht eher, wenn er im Ausland zu Wettkämpfen unterwegs ist. Denn in China ist Twitter seit 2009 gesperrt und nur mit VPN oder anderen technischen Hilfen zugänglich.

Es sind kurze Posts über Wettkämpfe, manchmal etwas Privates, ein Essen mit der Familie oder mit Freunden. Ähnlich wie auf seinem chinesischen Weibo-Konto. Dort verlachen ihn seine Fans sogar etwas für sein kindliches Profilbild.

Im Frühsommer und Sommer 2021 verschärfte die chinesische Regierung eine Reihe von Vorschriften für den Gaming-Bereich. Männliche Spielfiguren, die nicht das «traditionelle» Männlichkeitsideal vermitteln, gelten als Teil einer «ungesunden Kultur» mit «falschen Werten». So passte der Herausgeber des «League of Legends»-Spiels einen der Helden mit Namen «Taric» entsprechend an, so dass er chinesischen Vorstellungen bzw. Vorgaben entsprach. Ansonsten hätte diese Version des global beliebten Spiels womöglich nie in China erscheinen dürfen. So auch Spiele, welche die «chinesische territoriale Einheit» in

Frage stellen – z. B. durch einen Hinweis oder auch nur eine Anspielung auf ein eigenständiges Taiwan oder Hongkong. Der US-Spieleentwickler Blizzard, verantwortlich für Spiele wie «World of Warcraft» oder «Hearthstone», disqualifizierte einen Top-Spieler, den Hongkonger Star Ng Wai Chung, weil dieser sich in einem Interview für die «Befreiung Hongkongs» ausgesprochen hatte. Nach einem Shitstorm verkürzte Blizzard die Sperre auf sechs von ursprünglich zwölf Monaten und gab Chung immerhin sein Preisgeld zurück.

Die chinesische Regierung kündigte im Frühherbst 2022 an, die Spielzeit für Teenager unter 18 Jahren auf maximal drei Stunden pro Woche zu beschränken – und dies nur an drei Abenden in der Woche (Freitag, Samstag und Sonntag) zu erlauben. Man wolle die Abhängigkeit von Spielen verhindern und die Jugendlichen stattdessen «positiven Inhalten» aussetzen.

Die Sorge Beijings ist durchaus berechtigt. Laut einer Umfrage von Statista unter mehreren tausend Teilnehmern aus allen Altersklassen in der ersten Hälfte des Jahres 2021, sitzen Chinas Spieler im internationalen Vergleich am längsten vor den Bildschirmen: 26 % spielen mehr als zehn Stunden pro Woche, ein ebenso großer Teil verbringt zwischen sechs und zehn Stunden mit Zocken. Damit liegt die Volksrepublik an der Spitze – um einiges vor den USA und Großbritannien.[10] Die jüngsten Regulierungsmaßnahmen Beijings sind aber auch ein Eingeständnis einer gescheiterten früheren politische Linie: Jahrelang hatte die chinesische Regierung versucht, patriotische Spiele am Markt zu platzieren – jedoch ohne Erfolg. Die moralisch-paternalistisch motivierte Maßnahme war zugleich auch ein Schlag gegen die IT-Industrie als Ganzes. Man wolle gegen «eine ungeordnete Expansion und das barbarische Wachstum von Kapital» vorgehen, so der Vize-Chef Yang Feng der chinesischen Propagandaabteilung Ende 2021. Er kündigte an, rigoros gegen nichtlizensierte Spiele oder gegen solche, die ihre Inhalte nach Erhalt einer Lizenz eigenständig verändern, vorzugehen. Man wolle hingegen Spiele und Entwickler fördern, die «positive Energie» in den Sektor brächten, die für «korrekte Werte» und ein «korrektes Verständnis der chinesischen Geschichte und Kultur» stehen.

Warum vor allem US-amerikanische auf Team-Arbeit und Gemeinschaft angelegte Spiele in China so erfolgreich sind, hat viele Gründe. Spieler beschreiben, dass sie das authentische Miteinander und die Möglichkeit, gemeinsame Entscheidungen zu diskutieren und dann umzusetzen, sehr schätzen. Diese Sehnsucht nach Gemeinschaft lässt viele chinesische User auch in die neue Welt des Metaverse eintauchen. Apps wie das chinesische Zheli oder auch Soul verbinden Nutzer mit anderen Gleichgesinnten auf Basis ihrer Hobbys oder Interessen. Zheli hat erstmals WeChat als meist heruntergeladene App in Appstores überholt. Diese offensichtliche Sehnsucht nach individuellen, authentischen Verbindungen über einen kollektiven Konsumrausch hinaus kann eine Stufe zur Selbstorganisation einer Gesellschaft sein. Dies ist aus Sicht der chinesischen Führung aber keine «positive Energie», sondern eher eine Herausforderung für ihren allumfassenden Kontroll- und Loyalitätsanspruch.[11] Ende November 2022 verkündete der Ausschuss der Gaming-Industrien, dass Chinas Jugendliche von ihrer Spiele-Abhängigkeit geheilt seien. Beobachter werten dies als Signal an Spielehersteller, dass sich Lizenzvorschriften bald wieder lockern werden.

Eine ganz andere Herausforderung des Online-Entertainments und Konsums beschäftigt Wang Hai, ein 49-jähriger Anwalt, dessen Markenzeichen eine dunkle Sonnenbrille ist. Soziale Selbstorganisation wäre aus Sicht Wangs vermutlich eher hilfreich bei dem, was er bekämpft – gefälschte Produkte. Der aus Chinas östlicher Hafenstadt Qingdao Shandong stammende

Wang begann 1995 mitten in der Hauptstadt der Volksrepublik als Einzelkämpfer. Der damals 22-jährige Angestellte war beruflich in Beijing und hatte sich in einem Kaufhaus für 170 Yuan (damals rund 20 US-Dollar) Sony-Kopfhörer gekauft. Nach näherer Betrachtung fand Wang nicht nur Unebenheiten an einigen Stellen, sondern auch einen anderen japanischen Firmennamen auf der Packung. Eine Fälschung, so war sich Wang sicher und machte sich auf den Weg zu dem Beschwerdebüro des Industrie- und Handelsverbandes des Stadtteils Dongcheng, in dem das Kaufhaus lag. Chinas «Gesetz zum Schutz der Konsumenten» war gerade in Kraft getreten. Wang hatte ein Fernstudium in Jura absolviert und wusste, dass ein betrogener Konsument eine Entschädigung in Höhe der doppelten Summe des Kaufpreises verlangen konnte. Wang ließ sich weder von der versteckten Lage des Beschwerdebüros noch dem sich anschließenden Gerichtsprozess abschrecken und bekam Recht. Dies ermutigte Wang, sich professionell mit dem Aufspüren von gefälschten Produkten zu beschäftigen – und er traf auf eine große Nachfrage und Marktlücke. Nach mehreren Auftritten im Fernsehen gründete der zupackende und unermüdliche Wang Chinas erste Anwaltskanzlei, die sich auf Produktfälschung spezialisierte. Die Regierung lud Wang 1998 sogar zu einem Runden Tisch mit dem damaligen Präsident Bill Clinton ein, als dieser auf Staatsbesuch in China weilte. Wang wurde eine Berühmtheit, bekam aber auch zunehmend Todesdrohungen, meist von Firmen. Infolgedessen trägt er eine Sonnenbrille mit extra undurchsichtigen Gläsern. Seitdem Chinas E-Commerce und insbesondere Verkaufs-Livestreaming in der Volksrepublik boomen, hat sich Wang der Aufdeckung von Betrug und Betrügern dort verschrieben. Im Winter 2020 legte sich Wang mit dem bekannten Influencer und «Verkaufskönig» Simba (37 Millionen Fans auf der Videoplattform Kuaishou) an, als er die von Simba als stärkende

Delikatesse verkauften Produkte mit dem Namen «Schwalben-nest» als Zuckersirupkonstrukte entlarvte. Simba sollte nicht der einzige bleiben. «Ich handele im öffentlichen Interesse», sagt Wang, «früher hieß es, jeder soll einen Beitrag zur Gesellschaft leisten, nicht seine eigenen Interessen verteidigen, das hat sich geändert». So ist auch Wang nun aktiv auf sozialen Medienplatt-formen und behält dort die Reichen und Einflussreichen im Auge.

7.
Kriminelle und Rebellen

«Der Sinn der Vitalität liegt im ständigen Ringen, da die
Welt eine Wettbewerbsarena ist»

Guo Shenghua, Hacker[1]

Der Anwalt Wang Hai geht gegen weit verbreitete, die Konsumenten schädigende gefälschte Produkte und Services von
Online-Influencern und IT-Unternehmen vor. Für ihn geht es
nicht nur um Recht und Gesetz, sondern auch um die Frage von
Moral und die Idee, das «Volk zufrieden zu stellen, als beste Art
dem Volk zu dienen».

Das ist ganz im Sinne der kommunistischen Partei – die Wang
deshalb gewähren lässt, weil er in puncto Cyberkriminalität
allein Unternehmen ins Visier nimmt. Der Anwalt mit der dunk-
len Sonnenbrille kennt auch die Grenzen des erwünschten Engagements für Verbraucher – damals war er noch in der Offline-
Welt der Wohnungsbesitzer tätig. Gemeinsam mit dem auf
Immobilien spezialisierten Anwalt Qin Bing und dem gegen betrügerische Kultanführer und Pseudo-Wissenschaft kämpfen-
den Medienmacher Sima Nan arbeitete Wang 2002 an Vorschlä-
gen, wie sich die Wohnungsbesitzer in selbst gewählten Komitees
besser gegen Betrügereien von Immobilienunternehmen und
-managementfirmen schützen können. Diese Ideen reichten
Wang und seine Mitstreiter an Delegierte des nationalen Volks-
kongresses und an das Ministerium für Bauwesen weiter. Doch
diese Initiativen verliefen im Sande. Als die Eigentümervereine
begannen, über mehr Mitbestimmung zu diskutieren, ging dies
der KPC zu weit. Die Wege der damaligen Mitstreiter trennten
sich: Qin Bing ging in die USA und Sima Nan schloss sich den

maoistisch beeinflussten Nationalisten an. Wang Hai blieb bei seiner anfänglichen Mission: Die Offenlegung von gefälschten Produkten ist und bleibt der Kern seiner anwaltlichen Tätigkeit.

Gefälschte Produkte sind ein sichtbarer, klar zu fassender Bereich der chinesischen Cyber-Kriminalität. Aber selbst dort zeigt sich die Komplexität und Ambiguität der chinesischen Online-Welt. Wang wisse sicherlich um die gesellschaftliche Annahme, dass Anwälte wie er nur dem Namen nach Konsumenteninteressen vertreten, aber damit eigentlich vor allem Geld verdienen wollen, fragte ihn ein Journalist der Online-Plattform «Hongxing Xinwen». Ja, das liege aber vor allen Dingen daran, dass sich dabei unterschiedliche Vorstellungen und Wahrnehmungen vermischen, antwortete Wang.

Die Grenze zwischen legaler Kriminalitätsbekämpfung und illegaler Geldmacherei im Namen der Kriminalitätsbekämpfung ist schmal, erklärte Wang Hai. Seine Aktivitäten nennt man gemäß dem chinesischen Ausdruck «gegen das Falsche bzw. Gefälschte zuschlagen». Dann gebe es aber[2] zwei kriminelle Unterformen. Die eine nennt Wang «falsch zuschlagen»: Konsumenten, die das sprichwörtliche Haar in der Suppe finden oder absichtlich abgelaufene Produkte suchen, um Restaurants und Supermärkte zu erpressen. In Bezug auf die zweite Form – «blind zuschlagen» – verweist Wang auf den Fall des Teenagers Chen Zhiqiang, der kurz nach Erlangen seiner Volljährigkeit im Februar 2021 innerhalb von neun Monaten rund 800 Fälle von gefälschten Lebensmittelprodukten vor das Gericht in Chinas südlicher Provinz Guangdong gebracht hat, ohne selbst geschädigt worden zu sein. Chens offensichtliches Ziel: Geld verdienen.[3]

Cyberkriminalität in all ihren Schattierungen bereitet der chinesischen Regierung zu Recht große Sorge. Global betrachtet hat China vergleichsweise hohe Kosten und Verluste durch Cyberkriminalität, rund 0,63 % des BIPs – nahezu genauso viel wie die

USA und Norwegen mit 0,64 %. Nur in Deutschland und den Niederlanden fallen die Kosten mit rund 1,5 % des BIP höher aus.

Im Mai 2022 hat das Ministerium für Öffentliche Sicherheit die fünf häufigsten Verbrechen im World Wide Web veröffentlicht.[4] An erster Stelle mit rund einem Drittel der Fälle steht das sogenannte Brushing. Im Kontext von E-Commerce werden Konsumenten mit initialen kleinen Belohnungen dazu angehalten, größere Geldbeträge auf ein Konto zu überweisen, für eine Ware oder späteren Mehrgewinn, den die Kunden dann nie erhalten. Dies geschieht offensichtlich auch durch dafür ebenfalls auf betrügerische Art für einen Job mit Coding oder Computerkenntnissen angeworbene Chinesinnen und Chinesen, die dann ins Ausland verschleppt werden. Als eine Hochburg für die Beherbergung von solchen betrügerischen Online-Aktivitäten gilt Sihanoukville, eine durch zahlreiche chinesische Investitionen hochgezogene Hafenstadt im Südwesten Kambodschas.[5] Ein weiteres Drittel entfällt auf betrügerische Investitions- und Geldanlagenhinweise. Falsche Kreditangebote landen auf Platz 3. Nr. 4 sind Betrügereien im Namen von E-Commerce-Firmen, die gefälschte Rechnungen an die Kunden schicken. Auf Platz Nr. 5 listet das Ministerium Betrüger, die sich als Beamte ausgeben, um den Opfern mitzuteilen, dass sie direkt oder indirekt in Geldwäsche, illegale Pakettransfers oder illegale Grenzübertretung verwickelt seien. Diese Kriminellen schicken dafür oftmals täuschend echt aussehende Dienstausweise per Textnachricht an die Opfer. Hier erwähnt der Bericht besonders, dass die Opfer deshalb keinerlei Zweifel an der vorgegeben Identität der sogenannten «Offiziellen» haben, weil diese eine Fülle von persönlichen Informationen der Opfer nennen können – die sie bereits im Vorfeld auf illegale Weise erworben haben. Wie dies geschehen kann, führt der Ministeriumsbericht nicht weiter aus.

Guo Shenghuas Aktivitäten tauchen in dem Bericht auch nicht

auf. Chinesische Medien schreiben in der Regel sehr bewundernd über ihn. Guo, der sich aus ganz einfachen Verhältnissen hochgearbeitet hat – als Sohn von Bauern aus der Provinz Guangdong – habe wirklich ganz unten angefangen und sei sich auch in der Anfangsphase nie zu schade gewesen, nebenher als Prospektverteiler, Kellner oder Lieferant zu arbeiten.

«Der Sinn der Vitalität liegt im ständigen Ringen, da die Welt eine Wettbewerbsarena ist», hat Guo am 6. Mai 2022 auf seinem Weibo-Konto geschrieben.[6]

Sich individuell messen zu wollen, passt gut zu Chinas Vorstellung eines Kampfes nicht nur im eigenen Land, sondern auch mit Ländern wie Japan oder den USA.

Guo ist ein Hacker, ein junger Mann mit großen Augen und weichen Gesichtszügen, auf neueren Fotos mit leicht gewelltem Haar, einer modisch-getönten Brille, sorgfältig geschnittenen Augenbrauen und etwas Lippenstift. Er ist ein Star nicht nur in der Szene, sondern auch in ganz China. Mit etwas über hunderttausend Anhängern zählt er auf Weibo zum guten Mittelfeld. Guo nimmt aktiv an den dortigen Debatten teil: Er kommentiert Tätigkeiten anderer Hacker, gratuliert zu Feiertagen, bietet Online-Kurse an.

Geboren in einfachen Verhältnissen in der südlichen Provinz Guangdong, war Guo schon früh auf sich allein gestellt. Er galt schnell als Störenfried und Versager in Chinas rigidem, auf Leistung eingestelltem Schulsystem. Seine Zufluchtsorte wurden Internetcafés und Spiele.

Sein erster Kontakt mit Computern waren Spiele in den damals weit verbreiteten Internetcafes. Um sich das Spielen und die Nutzergebühren leisten zu können, setzten Guo und seine Freunde alles daran, herauszufinden, wie man die Timer-Funktion der Internetcafes und die Paywalls von Computerspielen außer Kraft setzen konnte. Das war der Beginn seiner Hacker-

Karriere. Sein Interesse für alles rund um Computer war geweckt. Neben dem Unterricht besuchte er noch Kurse anderer Schulen. «Verwandele jeden Satz ‹Ich kann das nicht› in einen ‹Ich kann das lernen›», schreibt Guo via Weibo am 30. Mai 2022, «verwandele jedes ‹Ich wage es nicht› in ein ‹Ich krieg das hin›».

Um seine Passion für Computer weiter vertiefen zu können, überzeugte er seine Eltern, eine technische Oberschule besuchen zu dürfen. Dort gründete er 2007 die Gruppe «China-Allianz», damals noch via der Chat-Plattform QQ, ein Zusammenschluss aus IT-Begeisterten, die sich über neuste Hacks und Hinweise austauschten.

Nach dem Oberschulabschluss arbeitete Guo zunächst als Computerreparateur, später als IT-Beauftragter einer Firma. Beides wurde ihm irgendwann zu langweilig. So entschloss er sich, aus seiner informellen IT-Gruppe eine Firma zu gründen.

2013 erlangte Guo nationale Bekanntheit, als er nach einem großangelegten Cyber-Angriff japanischer Hacker auf chinesische Firmen zurückschlug: Laut chinesischen Berichten gelang es Guo innerhalb von 30 Minuten 70% des japanischen Internets zu kontrollieren. Sein größter – «patriotischer» – Akt: Er ließ auf der Webseite des japanischen TV-Senders NHK eine chinesische Flagge auftauchen, mitsamt der chinesischen Nationalhymne als Hintergrundmusik. Im gleichen Jahr legte Guo nach: Als Japan nach chinesischen Darstellungen gegen das internationale Übereinkommen zur Regelung des Walfangs verstieß, attackierte Guo verschiedene japanische Regierungsseiten, die daraufhin komplett verrückt spielten und die internationale Kommunikation aussetzten. Einem Gesuch Japans um die Auslieferung Guos gab China nicht statt. Aber Guo geriet unter Druck und musste seine «China-Allianz» formal auflösen. De facto reformierte sich die Gruppe mit einem leicht geänderten

Team als «Allianz des Ostens» und begann als Unternehmen nun auch Geld zu verdienen.

Angebote von Firmen, auch von Alibaba, als Sicherheitsbeauftragter für sie zu arbeiten, schlug Guo aus. Er wolle weiter einen Beitrag zur Sicherheit des nationalen Internets leisten. Mit Technologie könne man sich selbst ändern und auch die Welt, so Guo. «Solange ich da bin, wird es keiner wagen das chinesische Internet anzugreifen!»

Auch der patriotische Guo nutzt – zumindest für seine Weibo-Posts – ein iPhone 13 Pro Max. «Lehrer Guo» heißt er dort. Hacker ist für ihn eine Profession und ein Lebensstil. Sein Image auf Weibo kreiert er mit westlichen schwarzen Anzügen inklusive Krawatte, dunkler Sonnenbrille und harten Techno-Klängen. Anklänge an seine Liebe zum Vaterland finden sich ebenfalls zuhauf – chinesische Flaggen im Hintergrund, ein Lied über das «chinesische Herz». Kurze Motivationssprüche über die Wichtigkeit des Lernens, des Durchhaltens und des Sich-Immer-Weiterentwickelns spiegeln seine eigene Biografie wider.

Guo schreibt voll Bewunderung über die russischen Hacker, die nicht nur sehr professionell seien und von nicht wenigen europäischen und US-amerikanischen Firmen angeheuert werden. Hacker würden in Russland auch mehr anerkannt als in anderen Ländern.[7]

Ein kurzer Cartoon zeigt, dass er auch im Krieg auf Seiten Russlands steht: Ein kleiner bellender Hund mit dem Namen «Ukraine» läuft an der Leine seines Herrn «USA» zu einem anderen großen Hund «Russland» und kläfft ihn an. Schließlich bekommt er – von der Leine gelassen – Angst und läuft zu seinem Herrn zurück.

Guos Ambivalenz zwischen einem zur Schau gestellten US-amerikanisch orientierten Lebensstil und einer ebenso zur Schau

gestellten Vaterlandsliebe zeigt sich auch bei seinem kurzen
Gastspiel auf Twitter. Dort war er als «@gsh_china» rund ein
Jahr aktiv. Guo begann zunächst auf Englisch und wechselte dann
zunehmend ins Chinesische – Langzeichen wohlgemerkt, die in
der Regel nur in Hongkong und Taiwan verwendet werden. Guo
spricht fließend Kantonesisch und beherrscht offensichtlich
auch die Schreibweise. Neben Werbung für seine Firma und Sel-
fies postet er auch Cartoons und Karikaturen über Trump. Den
6. Januar 2021 bezeichnet er als «den größten Tag der Schande»
für die US-amerikanische Demokratie. Darin schwingt weder
Triumph noch Häme, sondern echte Besorgnis mit.

Auch Chinas Medien bilden in ihren Berichten diese Am-
bivalenz ab. Manche chinesischen Medienberichte betonen, dass
Guo anfänglich das System des Tokioter Bildungsbüros und des
US-amerikanischen Finanzsystems nur geknackt habe, um die
Gegenseite auf ihre Sicherheitslücken hinzuweisen, nicht um
Schaden anzurichten.[8] Er habe den Geist eines «Edelmanns»,
eines «weißen Ritters» bewiesen. Andere Berichte beschreiben
Guo eher als Geschichtenerfinder und Schwindler: Die Behaup-
tung, er habe u. a. die Einladung des Alibaba-Chefs Jack Ma aus-
geschlagen, für ihn zu arbeiten, sei frei erfunden gewesen; er
habe auf betrügerische Art und Weise durch Online-Kurse, die
Instrumente und Wissen über Hacking vermitteln, Geld verdient und er habe mit seinen Aktivitäten auch in China Schaden
angerichtet. All dies habe Guo auch zugegeben – auch wenn ein
anderer Artikel dafür keinerlei Beweise erkennt.[9]

Das Verhältnis der chinesischen Regierung zu Hacker-Akti-
vitäten ist durchaus ambivalent. Nach den massiven Cyberattacken auf japanische Regierungsseiten im September 2012/13
«musste sich die von Guo gegründete China Alliance (Huameng)
auf internationalen Druck von Japan via der UN auflösen», so
schrieben viele chinesische Medien. Die chinesische Regierung

agierte offensichtlich auch aus Sorge um ihren internationalen Ruf, aber wohl auch, weil unabhängige Vereinigungen mit großer Organisationskraft die KPC naturgemäß nervös machen. Die China Alliance konnte sich jedoch schnell neuformieren und präsentierte sich nun als eine um die Cybersicherheit des Landes bemühte Organisation. Dazu gehört nach chinesischen Darstellungen eindeutig auch die Verteidigung der nationalen Cybersicherheit. Diese «roten Gäste» (红客 Hóngkè) haben im Gegensatz zu den «schwarzen Gästen» (黑客 Hēikè) – eine auch phonetische Übersetzung für «Hacker» – aus Sicht Beijings eine absolut «patriotische» Gesinnung. Die chinesische Regierung toleriert offensichtlich diese «patriotischen» Aktivitäten von Hackern, wie zahlreiche, leicht auffindbare chinesische Foren und Webseiten zeigen.

Die USA stand und steht besonders im Fokus von chinesischen Cyberattacken: 2015 hatten sich die damalige US-Administration unter Präsident Barack Obama und Xi Jinping im Rahmen eines Staatsbesuchs von Xi erstmals darauf geeinigt, dass keine der beiden Regierungen «cyber-basierten Diebstahl von geistigem Eigentum durchführt oder wissentlich unterstützt».[10] Beobachter interpretierten dies als taktisches Eingeständnis Beijings: Der Schaden durch Cyberattacken Washingtons war offensichtlich ebenso groß, wenn nicht größer als die potentielle Ausbeute von Angriffen auf US-amerikanische Unternehmen und Institutionen. Beobachter haben nach der Vereinbarung für rund 18 Monate einen merklichen Rückgang der chinesischen Attacken beobachtet.

Doch die Zeiten der gemeinsamen Lippenbekenntnisse sind längst vorbei ebenso wie die damals oft wenig zielgerichteten Angriffe von draufgängerischen Hackergruppen wie die von Chen. Die chinesische Regierung hat 2016 nach der Restrukturierung ihre militärischen Cyberkapazitäten beträchtlich ausgebaut, so berichten vor allem US-amerikanische Institutionen. Es sind nicht nur die Spezialeinheiten der Volksbefreiungsarmee, sondern auch ein komplexes Netzwerk aus beauftragten «Front-end»-Unternehmen und Universitäten, dirigiert vom Ministerium für staatliche Sicherheit.[11] Chinesische Akteure nutzen dabei primär sogenannte «Zero-Day-Verwundbarkeit» – noch unentdeckte Schwachstellen in Software, Firewalls oder VPN-Clienten – sowie jüngst wieder verstärkt eingeschleuste, fernkontrollierte Trojaner (PlugX-Malware).

Auch die EU ist wiederholt Opfer von chinesischen Cyberangriffen geworden. Dabei attackierten chinesische Akteure sowohl kritische Infrastruktur wie z. B. 2020 großflächig Krankenhäuser und Gesundheitszentren im Kontext von Covid-19 als auch politische Institutionen, Forschungseinrichtungen und Unternehmen.[12] Besonders brisant: Großbritannien und später auch die USA berichteten von Angriffen ausgehend vom Territorium der Volksrepublik auf Regierungswebseiten der Ukraine und von NATO-Mitgliedern kurz vor und während des russischen Angriffs auf die Ukraine.[13] Die Vermutung, dass chinesische Hacker möglicherweise im Auftrag Russlands handelten, lässt sich nicht belegen. Nach einem Bericht des BBC gaben chinesische Cyber-Attacken im Kontext des Ukraine-Konflikts noch andere Rätsel auf. Laut nicht namentlich genannter Vertreter westlicher Geheimdienste standen auch Belarus und Russland im Fokus von Hackern aus China. Diese Angriffe seien allerdings wesentlich amateurhafter ausgeführt worden, so als ob die Angreifer eine Entdeckung bewusst in Kauf genommen, wenn nicht intendiert haben, so der Bericht. Die Ausführenden hätten, anders als bei den anderen Attacken, nur westliche und nicht globale Server genutzt.[14]

Auch das illustriert die Ambivalenz der chinesischen digitalen Entwicklung – selbst bei einem so brisanten Feld wie Cyber-

sicherheit. Einerseits ist die chinesische Regierung in den letzten
Jahren wiederholt gegen unabhängige Hacker-Gruppen im eigenen Land vorgegangen, deren Aktivitäten die eigenen Sicher-
heitsinteressen torpedieren könnten. So verhafteten chinesische
Sicherheitsbehörden den IT-Ingenieur Fang Xiaodong, den Kopf
von Chinas damals größter unabhängiger Plattform «Wooyun»
zur Offenlegung von Sicherheitslücken in Soft- und Hardware.
Mit damals rund 20000 registrierten Mitgliedern hatten Fang
und Gleichgesinnte sich auch in internationalen Hacker-Wettbe-
werben engagiert. Teams aus unterschiedlichen Ländern treten
gegeneinander an, um kritische Schwachpunkte bei bestehenden IT-Produkten zu identifizieren. Das gemeinsame Ziel der
Kontrahenten neben dem Preisgeld: beliebte Produkte mit ver-
einten Kräften noch sicherer zu machen. Denn diese «Zero-Day-
Verwundbarkeiten» gelten als eines der größten Einfallstore für
Cyberattacken. Seit 2016 hat die chinesische Regierung jedoch
per Dekret die Teilnahme von chinesischen Staatsbürgern unter-
bunden. Jetzt müssen IT-Ingenieure aufgefundene Sicherheitslücken in Programmen wie Microsoft Exchange, in Firewalls
oder VPN-Clienten unverzüglich an die Regierung melden.

Andererseits kann und will Beijing aber nicht alle ambitionierten Einzelpersonen kontrollieren: nicht nur, weil sie letztlich
den Talentpool für den Bereich Cybersicherheit bilden, sondern
auch weil ihre Eigeninitiative – aus welchen Motiven auch immer – in vielen Fällen Beijing in die Hände spielen dürfte. Allerdings besteht immer die Gefahr, dass sich Hacker wie Guo Shenghua auch einmal Angriffsziele aussuchen, die Chinas nationale
Interessen unterminieren. Eine Heldentat, die in der Community
Anerkennung findet, ist für manche Hacker mindestens so reiz-
voll wie ein Auftragshack im Staatsdienst mit lukrativer finan-
zieller Entlohnung. Abenteuerlust, Rebellentum und Kriminali-
tät können in der virtuellen Welt nahe beieinander liegen.

Eine andere Abenteurerin, welche die Dynamik der chinesischen digitalen Transformation verkörpert, ist Song Ting, Chinas aktuell bekannteste Schaffende von digitalen Kunstwerken, sogenannten Non Fungible Tokens (NFT).[15] Auf Fotos trägt sie meist eine große Brille mit zartem Rand, an deren Enden Bänder mit kleinen Schmuckstücken hängen. Song fällt ihr langes Haar offen über die Schultern. Ihre Kleidung besteht aus einfarbigen, dezenten Teilen, die ihre Weiblichkeit weder verbergen noch hervorheben. Knallroter Lippenstift sticht aus ihrem glatten, eher blassen Gesicht hervor.

Song hat Kunst an einer der chinesischen Top-Bildungsstätten, der Qinghua-Universität studiert. Zu ihrem 20. Geburtstag schenkte ihr ein Freund den Bitcoin-Bestseller «Bitcoin: A Peer–to-Peer Electronic Cash System» des japanischen Autors Satoshi Nakamoto.

Song, damals eine begeisterte Schreiberin von Science-Fiction-Literatur im Internet, sah in der Bitcoin-Welt eine real gewordene SciFi-Zukunft. Song begann Codiersprachen zu lernen und nahm an Hackathons, von IT-Nerds organisierten Wettbewerben zur Lösung eines IT-Problems, teil. Sie verdiente ihre ersten Bitcoins, indem sie US-amerikanischen Blockchain-Unternehmen dabei half, Dokumente ins Chinesische zu übersetzen. Nach ihrem Abschluss eröffnete sie – gegen den Druck ihrer Eltern – ein eigenes Studio für digitale Kunst. Mittlerweile hat Forbes sie in die Liste der «30 (prominentesten Persönlichkeiten) unter 30» aufgenommen, sowohl chinesische Firmen wie Tencent als auch internationale Unternehmen wie KFC haben mit ihr für NFT-Kunstwerke kooperiert. Nachdem Song Chinas erste NFT-Ausstellung kuratiert hat, ist ihr neustes Projekt ein Museum für Krypto-Künstler. Es trägt selbstbewusst den Namen «Ting-Museum».

Dass Song Ting so ohne weiteres auf dieser Welle der neuen Krypto-Kunst reiten kann, verdankt sie einer klugen Entscheidung. Sie verbindet digitale Animationen, psychedelische Musik und traditionelle Motive – Abbildungen von buddhistischen Gottheiten genauso wie traditionelle Gedichte. «NFTs sollten eine Ergänzung, kein Ersatz für traditionelle Kunst sein», zitiert Chinas Online-Plattform Sixth Tone Ting im Rahmen eines Auftritts an Chinas Akademie der Künste.[16]

Künstler wie Song sind nach Beijings Geschmack und vielleicht der Grund, warum Chinas Regierung NFTs (noch) nicht ganz verboten hat. Schließlich bringen NFTs auch beträchtliche Gewinne: Songs Werk «Pfingstrosen-Traum» ist für umgerechnet 105 000 US-Dollar in Chinas Auktionshaus China Garden verkauft worden. Chinas Markt ist mit rund 300 Millionen Yuan international gesehen noch recht klein. Aber er wächst – wie vieles in China – in rasantem Tempo.

Chinas IT-Unternehmen von Alibaba bis Tencent haben alle eigene Plattformen aufgelegt, auf denen Nutzer NFTs kaufen und sammeln können – aber nicht verkaufen oder handeln. Bezahlt werden kann nur in Renminbi oder per digitalem Yuan. Eine Suche nach «NFT» über Chinas Suchmaschine Nr. 1, Baidu, zeigt, dass die Abkürzung wenig für digitale Unikate verwendet wird. Stattdessen steht NFT öfter für «network file transfer» oder «no fixed time». Das ist vermutlich kein Zufall: Möglicherweise wollen Anbieter wie Nutzer Anklang an internationale Verbindungen vermeiden, um nicht die Regulatoren aufzuschrecken. Aktuell ist unklar, wie lange und unter welchen Beschränkungen die chinesische Regierung NFTs erlauben wird, auf Chinesisch in der Regel als «digitale Sammelstücke» und «nicht identische Währung» bezeichnet. Zugang zum internationalen NFT-Markt und entsprechenden internationalen Plattformen versucht Beijing zunehmend zu unterbinden. Internationale NFT-Server fungieren nicht nur als Plattform für Produkte chinesischer Dissidenten, sondern wurden im Rahmen des Lockdowns in Shanghai auch zu einem beliebten Speicherort für in China schnell gelöschte Videos und Fotos.

Die chinesische Regierung hat ein gespaltenes Verhältnis zur Kryptowährung – ähnlich wie zur Blockchain-Technologie an sich. Beijing will sie als digitale Zukunftstechnologie nutzen, um neue Wachstumsimpulse zu entfachen. Aber Chinas Führung ist misstrauisch gegenüber Dynamiken, die sich ihrem Kontrollanspruch qua Natur entziehen. Blockchain ist an sich eine dezentrale Technologie und Bitcoins eine grenzenlose Währung, die keiner nationalen Kontrolle unterliegt. Gerade deshalb – weil die nationale Währung Renminbi nicht frei konvertierbar ist – investierten viele chinesische Unternehmen, Privatanleger und staatliche Akteure in den Bitcoin. Preise schossen in den Himmel und Chinas nationale Bitcoin-Börse war schnell die größte der Welt.

Chinas Behörden verboten erst den Handel und dann die Produktion von Bitcoin – auch wenn es bis 2020 dauerte, dass die Führung den Verboten mehr Nachdruck verlieh.

Dennoch sind nach Recherchen der Cambridge University offensichtlich viele Hersteller weiterhin im Untergrund aktiv. Im September 2021 wurden rund 22 % der weltweiten Kryptowährung in der Volksrepublik produziert.[17]

Hinter Chinas Mining-Verbot steckt auch die immer wieder öffentlich kommunizierte Sorge um den damit verbundenen enormen Stromverbrauch. Ein Großteil der Elektrizität wird durch Kohle erzeugt, dessen Beitrag zum Strom- und Energiemix auch Beijing graduell reduzieren möchte bzw. muss.

Die Stromausfälle im Herbst/Winter 2021 – wenn auch wohl primär durch falsche Preisanreize an Kohleproduzenten und nicht durch einen Mangel an Kohle verursacht – haben der chinesischen Führung die Notwendigkeit vor Augen geführt, neben Investitionen in erneuerbare Energien den Strombedarf wann immer möglich zu reduzieren.

Auf eine eigene digitale Währung will Beijing dennoch nicht verzichten. Die Produktion für Chinas digitalen Yuan soll jedoch unter strikter staatlicher Aufsicht in ausgewählten Unternehmen erfolgen. Chinesische Experten sind allerdings skeptisch, ob die neue Währung genug Vertrauen bei Nutzern finden kann und ob diese nicht weiterhin doch lieber Alipay und andere Alternativen nutzen. Aktuell sind diese nicht zur Nutzung des staatlichen Yuan verpflichtet. Chinas e-CNY basiert auf einem zentralisierten Betriebsmodell mit einer sogenannten «kontrollierbaren Anonymität», das bedeutet Nutzerdaten dürfen nur unter bestimmten Bedingungen eingesehen oder weitergegeben werden. Die Behörden versichern, dass die Zentralbank sich an das chinesische Datenschutzgesetz hält und ohne offizielle Autorisierung, zum Beispiel von Strafverfolgungsbehörden, Dritten keinen Zugang zu persönlichen Finanzdaten gewährt. Dennoch sehen Nutzer weiterhin ein großes Problem im mangelnden Schutz personenbezogener Daten. In einer Umfrage des renommierten iResearch-Instituts vom Februar 2022 nannten 54 % der Befragten «Risiken für Schutz der Privatsphäre» als Problem, welches nur durch «Manipulationsrisiken» (64 %) noch übertroffen wird. Durch die Kategorisierung «M0» wird der digitale Yuan wie nicht-verzinsliches Bargeld behandelt. Geld auf Plattformen wie Alipay wird der Geldmengenkategorie M2 zugeordnet und ist mit einer institutionellen, verzinsbaren Einlage zu vergleichen. Die Transaktionskapazität des e-CNY ist vergleichsweise beschränkt. Die derzeitige Transaktionsrate beträgt 10 000 TPS (Transaktionen pro Sekunde) mit einem Potential von bis zu 300 000 TPS. Alipay erreichte bereits 2019 während des als Single's Day bekannten Shopping-Festivals 544 000 TPS. Obwohl einige Behörden bereits Gehälter in e-CNY auszahlen, liegen keine Daten dazu vor, wie viele Menschen ihr Gehalt tatsächlich digital erhalten möchten.

Song Ting hat mit ihren Projekten andere Pläne. «Langfristig soll es um die Selbstdarstellung einer neuen Klasse von Menschen gehen, die auf der Welle der Blockchain-Revolution reiten», sagte sie gegenüber dem chinesischen Online-Medium Sixth Tone. Song unterstützt bereits andere Künstler weltweit, indem sie ihnen einen Platz in ihrem Museum anbietet und auch als Sammlerin aktiv ist. In den letzten Monaten ist sie laut ihres Twitter-Kontos[18] oft im Ausland unterwegs. Im Juni eröffnete sie ihre erste physische Ausstellung in New York. Auf Twitter schreibt sie ab und zu auch auf Chinesisch, aber genauso oft auf Koreanisch und meistens auf Englisch. Song ist ein Freigeist. «Gruß an die rebellischen jungen Helden Ikarus in der griechischen Mythologie, Satoshi und Aaron Swartz, die mit ‹Like Ikarus Art Fly be me›, eine ‹Eine Erklärung an die Unabhängigkeit des Cyberspace›, einen großen Erfolg erzielten», twitterte Song am 24. Juni 2022. Worte, die sie auf Chinesisch vermutlich nicht so einfach schreiben würde. Und auf Englisch wohl auch nur, weil Song, anders als andere, einen Ausweg hat. Entscheidet sich Chinas Regierung irgendwann doch, NFTs ganz zu verbieten, hat sich Song bereits eine Existenz im Ausland aufgebaut – eine die nicht nur eine Flucht ist, sondern ein Ankommen in einer anderen, freieren Welt. Denn es sind Worte wie «Unabhängigkeit» und «fliegen», die Chinas Regierung nicht gefallen. Es sind Worte, welche die Dynamik von digitalen Entwicklungen per se verkörpern. Das bleibt das Dilemma der chinesischen Regierung im digitalen Sektor – und vielleicht auch darüber hinaus: Dynamik und Innovation lässt sich zwar anordnen und staatlich fördern, aber nie vollständig kontrollieren. Dann erlahmt sie oder erstickt sogar – und mit ihr der Traum der chinesischen Regierung von der digitalen Vorherrschaft.

8.

Grenzgänger

«25. Februar 2022, 18 Uhr. Brandenburger Tor, Berlin. Menschen stimmen das Lied ‹Sag mir wo die Blumen sind› an, als Unterstützung für die Ukrainer und als Protest gegen den Angriffskrieg Russlands. Ich stand mitten in der Menge, mit tränenüberströmtem Gesicht.»

Su Yutong, Aktivistin via Instagram[1]

Influenzer Griffin Gu hat gleich mehrere Grenzen scheinbar spielend überwunden. Der 25-Jährige bringt mit seinen Videos über prototypische Ausdrucks- und Verhaltensweisen von US-Amerikanern und Chinesen weltweit Menschen zum Lachen und zum Nachdenken.

Schauspielerisch und sprachlich begabt, zeigt Gu in einem Video mit improvisierten Requisiten, wie eine US-amerikanische und eine chinesische Stewardess einem Passagier auf Wunsch Wasser mit Eis servieren würden. Er trägt ein rotes Halstuch und steht vor dem leicht herausgezogenen Eisfach eines Kühlschranks. Das Video ist vermutlich mit einem Handy in professionell wirkender Selfie-Perspektive aufgenommen. Als US-Flugbegleiterin schaufelt Gu erst mit großen Gesten einen Haufen Eisblöcke in ein Glas und schüttet dann etwas Wasser darauf. In der Rolle der Flugbegleiterin aus China schenkt Gu zunächst Wasser in ein Glas und legt dann behutsam zwei Eisstückchen hinein. Die Botschaft: US-Amerikaner lieben viel Eis, Chinesen betrachten das Eiswasser hingegen als eher ungesund und sind entsprechend zurückhaltend. Griffin Gus Fans kommentieren das Video mit Lach-Emoticons, Zustimmung und reflektierten Kommentaren. «Die chinesische Stewardess müsste eher warmes oder zumindest abgekochtes Wasser ausschen-

ken», schreibt ein Nutzer auf TikTok, der beliebtesten Plattform für Kurzvideos in den USA und vielen Ländern Europas.
82 700 Mal haben sich Menschen das Video angeschaut. 105 300
Follower hat Gu dort. Auf Douyin, der Kurzvideo-Plattform
für Nutzer in China, schreibt einer der 67 000 Menschen, die
das Video dort angeschaut haben: «Mit ‹Ausland› ist hier die
USA gemeint, bei Europäern ist es genauso wie bei uns in
China.»

Diese Bemerkung deutet auf einen der kleinen Unterschiede
hin, die der aus Beijing stammende Videoblogger macht, wenn
er das gleiche Video auf den zwei Plattformen postet. Für seine
chinesischsprachigen Zuschauer schreibt er statt «USA» oder
«US-Amerikaner» oftmals vereinfachend «Ausland» oder «Ausländer». Aus anderen Videos wird klar, dass Gu seit 2015 in den
USA lebt und dieses Land seine Referenz ist. Bewusst oder zufällig – auch für manche seiner Zuschauer sind die Vereinigten
Staaten die erste Assoziation und das erste Wunschziel, wenn sie
an das «westliche» Ausland denken. Ähnliche Kommentare in
chinesischer Sprache finden sich auch auf TikTok, da diese App
auch Chinesen im Ausland nutzen. In chinesischen Appstores
ist TikTok nicht zugänglich, dort gibt es Douyin – welches wiederum im Ausland nur auf einigen Umwegen nutzbar ist. Beide
Apps stammen von der chinesischen Firma Bytedance, die für
ihr Engagement in anderen Märkten, auch mit Blick auf Forderungen nach Trennung von Datentransfers und Zugriffsrechten
eigene TikTok-Tochterunternehmen gegründet hat. Hinter allen
Unternehmen, auch hinter der Bytedance-Zentrale in Beijing,
steht eine Briefkastenfirma, die auf den Cayman Islands registriert ist, damit das Konglomerat aus chinesischen und ausländischen Firmen in unterschiedlichen Welten legal funktionieren
und Kapital aufnehmen kann.

Gu selbst hat auf der chinesischsprachigen Plattform Douyin

angefangen – mit eben jenem Stewardessen-Video. Aufgenommen und gepostet hat der damalige Schüler es spontan nach einer längeren Lernsitzung für Abschlussprüfungen. Die drei Jahre von 2011 bis 2014 in der angeschlossenen Oberstufe der renommierten Volksuniversität in Beijing empfand Gu laut Interviews als langweilig und anstrengend.[2] Gu, der seit dem Kindergarten Englischunterricht hatte und von großen Flugzeugen begeistert ist, war überrascht, dass sein Video – in der ersten Version komplett auf Englisch und ohne Untertitel – so schnell auf drei Millionen Klicks kam. «GG没有(no)hadid», wie Gus Name auf allen seinen sozialen Medienkanälen lautet, spielt auf das US-Modell Gigi Hadid an, mit dem Gu sichtlich das Interesse für Mode und Kosmetik verbindet. Das «GG» ist auch ein Bezug zu seinem Namen, Griffin Gu. Sein Vorname Ruifeng sei für ihn in den USA eher zum Ballast geworden, so Gu in einem Video, da ihn kaum jemand richtig aussprechen könne. Schon die Aussprache seines Nachnamens «Gu» überfordere viele US-Amerikaner.

In die USA ist Gu 2014 zum Studium an die Questrom School of Business der Boston Universität gegangen. Nachdem Kurzvideos über seinen Alltag und über Mode auf Douyin dort nur wenig Interesse hervorriefen, fand Gu schließlich seine heutige Nische: humorvolle Betrachtungen über sprachliche Eigenarten von Chinesen und US-Amerikanern. Nach seinem Uni-Abschluss fand er direkt in Boston einen Job als Berater bei einem Flugunternehmen und genießt seitdem den Rollenwechsel zwischen seinem Alltag als «langweiliger Unternehmensangestellter» und einer Nachtwelt mit mehr Aktion und Drama.

Als eine chinesische TikTok-Nutzerin ein Video von ihm als ihres ausgab und damit auch auf der englischsprachigen Plattform viele Lacher und Likes landete, war Gu zunächst sprachlos. Dass auch Nicht-Chinesen seine Videos gut finden könnten,

hätte er nie gedacht. Er kontaktierte die Nutzerin, die sich entschuldigte, und daraufhin legte Gu auch auf TikTok los. Die meisten Videos postet er, leicht modifiziert, zeitversetzt auf beiden
Plattformen. Auf seiner Landing-Page[3] kann man zwischen Chinesisch und Englisch wählen, unter «Plattformen im Ausland»
ist Gu auf dreien vertreten, in China gleich auf sechs. Douyin und
TikTok sind aber aktuell seine Hauptkanäle. Dass Gu auf beiden
Plattformen wie in beiden Ländern zu Hause ist, verdankt er
nicht nur seiner Zweisprachigkeit und seiner feinen Beobach-
tungsgabe. Hinzu kommt, dass er sowohl auf Amerikaner als
auch auf Chinesen kritisch, aber immer auch respekt- und liebe-
voll blickt. Diese «Äquidistanz» überwindet Grenzen und öffnet
Türen auf beiden Seiten. Was den größeren geopolitischen Rahmen betrifft, ist so eine Haltung freilich nicht immer möglich.
Während uns Menschen wie Gu begeistern und ermutigen dürfen, sind Douyin und TikTok eine wachsende Herausforderung.

US-Analysten verweisen als Gegenargument gegen ein Verbot
von TikTok nicht selten auf Schwächen der eigenen Gesetzge-
bung. Das Problem des Abschöpfens von privaten Daten sei
nicht allein auf TikTok beschränkt, sondern sei das Resultat einer US-Gesetzgebung mit zu vielen Schlupflöchern für Akteure,
die mit Daten zu tun haben. Donald Trump habe TikTok als eine
Projektionsfläche für alles, war der von ihm beschworenen
Wiedererstarkung Amerikas entgegenstehe, im öffentlichen Be-
wusstsein verankert. Für den europäischen Markt gelten diese
Bedenken nur teilweise. Mit seinen strikten Datenschutzbe-
stimmungen für personenbezogene Daten und dem neuen recht-
lichen Rahmen für Plattformregulierung inklusive Inhalte (Digital Markets Act und Digital Services Act) ist die EU sehr gut
aufgestellt. Fakt ist aber auch, dass TikTok als eigenständige
Firma Daten zum internen Gebrauch an seine chinesische Mutterfirma Bytedance weitergeben kann und dies laut Berichten

auch tut.[4] Bytedance ist letztlich ein chinesisches Unternehmen im rechtsfreien Raum bzw. den Regeln der kommunistischen Partei unterworfen. Die Frage bleibt, wie wahrscheinlich es ist, dass TikTok zum einen von dieser Möglichkeit Gebrauch macht und zum anderen die chinesische Führung damit an Daten gelangt, mit denen sie beispielsweise europäische Regierungen erpressen könnte. Die Frage ist auch, ob wir ein chinesisches Unternehmen im Zweifel anders behandeln sollten als ein US-amerikanisches. In den Vereinigten Staaten – einem Rechtsstaat – können Regierungen und Konsumenten Rechte anders einfordern als in der Volksrepublik.

Darüber hinaus nutzt TikTok durchaus aggressivere Mechanismen als US-amerikanische Plattformen, die auch nutzerschädigend sind. Zum Beispiel lassen sich laut einer Studie der Juristin Luzia Jarovsky anders als bei Facebook und Twitter keine Videos durch schnelles Scrollen überspringen, und TikTok bietet aktiv niederschwellige – mit einem Klick zu aktivierende – Möglichkeiten an, selbst zum aktiven Gestalter zu werden. Auch im Bereich Datenschutz haben mehrere Studien Unterschiede zu den US-amerikanischen Plattformen festgestellt: TikTok verschafft sich in der Default-Einstellung Zugang zu sehr vielen Extradaten (u. a. zu aufgerufenen Webseiten oder Kontaktdaten im Adressbuch) und fragt auch bei einer Einstellungsänderung regelmäßig nach erneutem Zugang.[5]

Ein Verbot wäre politisch instrumentalisierbar. Die chinesische Regierung kann dann wieder «den Westen» anprangern, der China den Erfolg nicht gönne. Erfolgversprechender erscheint die Durchsetzung und ggf. Konkretisierung der europäischen Regularien sowie eine Verbesserung der Medienkompetenz. Konkret betrifft das die Fragen: Welche persönlichen Daten sollte man erst gar nicht nennen und welche Einstellungen kann man zum eigenen Schutz deaktivieren? Medienkompetenz sollte auch beinhalten, wie man Personen, ihre Quellen und ihre Haltungen hinterfragt. Ist die Person zu Selbstkritik in der Lage, und kann sie unterschiedliche Perspektiven einnehmen?

Chinesische Akteure nutzen die Offenheit liberaler Demokratien, um Desinformationen und manipulierte Sichtweisen auf US-amerikanischen Plattformen zu streuen. TikTok ist nur einer der Kanäle, auf denen die chinesische Regierung in dieser Hinsicht aktiv ist. YouTube and vor allem Twitter sind Beijings aktivste Kanäle, da sich hier die politisch interessierte westliche Öffentlichkeit informiert und austauscht. Das offizielle China adressiert dabei zunehmend raffiniert sowohl die Sinne als auch den Intellekt. Das Ziel: Sympathie und Verständnis für den chinesischen Parteistaat und seine Perspektiven zu schaffen.

Beijing kreiert oder kooptiert als «life blogger», «food lover» oder einfach «storyteller» gekennzeichnete Konten, um Unwahrheiten zu verbreiten und mit schönen Bildern schockierende Details des eigenen Staatshandelns in Vergessenheit geraten zu lassen. Manchmal sind es junge, hübsche Frauen mit Namen «Li Jingjing» oder «Vica Li» mit langen Haaren und rot geschminkten Lippen, die ihre Zuschauer einladen, gemeinsam China kennenzulernen, die sich als Übersetzerinnen von «kontroversen» Entertainment-Themen aus chinesischen Sozialen Medien etablieren, Vorwürfe und Kritik an ihnen manchmal aufgreifen, ohne sie vertieft zu kommentieren. Manche von ihnen sind auf Instagram oder Twitter mit dem Label «staatlich-kontrolliertes/ affiliiertes Medium» gekennzeichnet, auch wenn es in der Regel einige Zeit und wachsende Followerzahlen braucht, bis die Plattformen dieses Label verleihen. Li Jingjing hat 28 000 Follower auf YouTube und beschwört in ihrem einführenden Video Diversität und Koexistenz, wendet sich gegen eine Außenpolitik des Westens, die andere nicht-westliche Länder als «Sklaven» betrachtet. Sie trete an, um die «verzerrte» Sicht der westlichen

Medien, die «imperiale und hegemoniale» Politik des Westens aufzuzeigen und «ignorierte Stimmen» sowie die «andere Seite» der Geschichte sichtbar zu machen.[6]

Mit solchen Botschaften treffen diese chinesischen Blogger-innen auf Verständnis und Unterstützung bei Intellektuellen in den USA und Europa, die eurozentrische Perspektiven überwinden wollen. Dabei wird verkannt, dass es Menschen wie Li nicht um einen pluralistischen, selbstkritischen Diskurs geht, sondern um eine unkritisch vorgetragene Schwarz-Weiß-Darstellung. Bei aller berechtigter und notwendiger Kritik gegenüber liberalen Demokratien sollte diese auch für China selbst gelten.

Andere Fürsprecher einer offiziellen chinesischen Perspektive auf YouTube sind oft jüngere englische Muttersprachler, die flie-ßend Chinesisch sprechen und einen chinesischen Ehepartner haben. Sie haben es dank ihrer guten Sprachkenntnisse in China schnell zu beruflichem Erfolg und Ansehen gebracht und werden so schnell zu Vorbildern für junge China-Studenten. You-Tuber wie der US-Amerikaner Cyrus Janssen oder der Brite Jason Lightfoot haben beide rund 200 000 Follower. Sie schwärmen von den Gelegenheiten und den Errungenschaften Chinas, über-nehmen Standpunkte der chinesischen Regierung und kritisie-ren ausschließlich «unwissende» und «arrogante» Sichtweisen und Fehltritte liberaler Demokratien. Ihre Auftritte bei und Kooperationen mit dem chinesischen Staatsfernsehen verber-gen sie nicht vollständig. Dass das chinesische Staatsfernsehen ausländischen Bloggern mit einer gewissen Followerzahl leicht verdientes Geld für das Posten von Propaganda-Videos anbietet, haben die YouTuber Matthew Tye and Winston Stenzel durch eigene Erfahrungen mit einer chinesischen Firma aus Hongkong belegt.[7] Neben einem unterstützenden Labeling solcher Konten ist es hilfreich, gezielt Menschen zu fördern, die sich darum bemühen, authentische Stimmen aus China einem nicht Chinesisch sprechenden Publikum zugänglich zu machen.

Su Yutong ist eine von ihnen. Auch wenn das erst auf den zweiten Blick sichtbar wird. Die Journalistin und Aktivistin spricht auch nach 12 Jahren in Deutschland immer noch ein gebrochenes Deutsch und kommuniziert eher kantig und sprunghaft. Su hat ein fein geschnittenes Gesicht, trägt ihre Haare oft links und rechts zu Zöpfen gebunden, mag Hüte und bunte, auffallende Kleidung. Auch wenn sie sich primär für ihr Heimatland interessiert, macht sie ihr Engagement zu einer Grenzgängerin: Su ist eine der aktivsten und strategischsten Netzwerkerinnen im Kreise der Bürgerrechts-Community in der Volksrepublik, der chinesischen Diaspora in Europa sowie gelegentlich bei europäischen Politikern und Intellektuellen.

Su ist im August 1976 in Beijing geboren, hat Journalismus studiert und dann beim staatlichen Sender Radio Beijing angefangen. Dort hielt sie es, wie sie selbst schrieb, aufgrund der ständigen Zensuranweisungen aus der Propagandaabteilung der Kommunistischen Partei nicht lange aus.[8] 2004 schloss sich Su der chinesischen Nichtregierungsorganisation «Die Heimat bewahren» an, die Geschädigten von Umweltkatastrophen und -skandalen rechtsberatend zur Seite stand.

Der Juni 2010 wurde zu einem Wendepunkt in Sus Leben. Zum Jahrestag der Niederschlagung der Protestbewegung des 4. Juni 1989 ging sie auf den Platz des Himmlischen Friedens, um dort Blumen niederzulegen. «Das war eine Art Forderung an den Staat, dass wir auch diesen Teil der Geschichte kennen müssen», sagte Su in einem Interview kurz nach dem Ereignis. «Und ich hoffte, dass mehr junge Leute auch etwas über diesen Teil der Geschichte erfahren wollen, sich nicht davor verschließen und ihn nicht vergessen.»[9] Sie habe zwar gewusst, dass so eine Aktion riskant sei, aber nicht damit gerechnet, dass man sie so brutal und willkürlich behandeln würde. Mehrere Polizisten in Uniform und Zivil bedrängten Su, nahmen sie schließlich mit auf die Polizeiwache und verhörten sie mehrere Stunden. Su ließ sich von dieser Erfahrung offensichtlich nicht einschüchtern. Im selben Monat wurde sie ein weiteres Mal festgenommen. Polizisten durchsuchten ihre Wohnung und beschlagnahmten Computer und Dokumente. Su hatte das in China verbotene Manuskript des Tagesbuchs von Li Peng, 1989 Ministerpräsident der Volksrepublik, weiterverbreitet. Sie kam wieder frei, stand aber seitdem kontinuierlich unter Hausarrest. Als zum traditionellen Drachenbootfest Mitte Juni nur ein Polizist vor ihrer Wohnung stand, gelang ihr mit Hilfe von Freunden die Flucht mit dem Flugzeug zunächst in die südliche Metropole Shenzhen, dann über die Grenze weiter nach Hongkong und schließlich nach Deutschland, wo sie im August 2010 ankam.

Durch ihre journalistischen Erfahrungen bekam Su schnell einen Job in der China-Redaktion der Deutschen Welle. Dort führte sie Telefoninterviews mit chinesischen Intellektuellen in der Volksrepublik und im Ausland und schrieb über Entwicklungen in ihrer Heimat. Sie wurde zu einer der schärfsten und unter Chinas Intellektuellen bestvernetzten Kritikerinnen der chinesischen Regierung.

Es war wiederum der Jahrestag des 4. Juni, der Sus Leben eine erneute Wendung gab. Ein Artikel des damaligen Deutsche-Welle-Kolumnisten Frank Sieren, in dem dieser u. a. eine «einseitige Überzeichnung des Westens der Ereignisse um den 4. Juni 1989» konstatierte, zog einen Sturm der Entrüstung von chinesischen Intellektuellen nach sich. Su beteiligte sich an einem offenen Brief und postete eine Persiflage des berühmten «Tank Man»-Fotos, mit Sieren als Panzerfahrer und sich selbst an der Stelle des damaligen Unbekannten, der sich den Panzern der Machtparade am 5. Juni auf dem Boulevard der Hauptstadt Beijing entgegen gestellt hatte. Dass ihr Vertrag nicht verlängert wurde, begründete der Sprecher der Deutschen Welle damit, dass Su auch nach Warnungen weiter interne Informationen auf Twitter weiterverbreitet habe. Laut Sus Posts hatte die Leitung der Deutschen Welle die China-Redaktion angewiesen, die Schärfe aus ihrer Kritik zu nehmen, weil Verantwortliche der Deutschen Welle zur chinesischen Botschaft zitiert worden waren.[10]

Su fand schnell bei der China-Redaktion von Radio Free Asia, einer durch staatliche US-Mittel unterstütze Radio- und Internetplattform, eine neue institutionelle Heimat. Ihr eigentliches Projekt ist seitdem aber der Aufbau einer eigenen, Twitter-basierten Nachrichtenplattform. Vermutlich nicht völlig zufällig hat sie dem Konto einen englischen Namen gegeben, welcher der chinesischen Übersetzung von «Deutsche Welle», Stimme Deutschlands» (德国之声), sehr ähnlich ist. Ihre Plattform «Voice from Germany» hat als Twitter-Konto-Header ein illuminiertes Bild des Brandenburger Tors. «Eine Online-Medienplattform mit Haltung, von einer Gruppe Freiwilliger in Deutschland betrieben. Chinesischsprachige Berichterstattung aus Berlin», lautet die Selbstbeschreibung. Das Konto hat 49 400 Follower. Su Yutong selbst 161 100, so dass sie die Beiträge der Plattform retweetet, um mehr Reichweite zu erzielen. «Voice from Germany» wendet sich an ein chinesischsprachiges Publikum, kommentiert, retweetet und schreibt auch eigene Posts zu Nachrichten in China und in aller Welt – mit einem besonderen Fokus auf Deutschland und Europa. Anders als die chinesischsprachige Berichterstattung der Deutsche Welle retweetet «The Voice from Germany» auch Beiträge anderer Blogger und beruft sich, teilweise mit namentlichen Erwähnungen, auf ein Netzwerk chinesischer Twitterer, die vor allem für Beiträge aus China Material zuliefern.

Dass Menschen wie Su «nur» auf Chinesisch aktiv sind, macht sie auch für ein deutsches Publikum nicht minder wertvoll und wichtig. In einer durch US-bezogene Inhalte dominierten digitalen Öffentlichkeit bietet Su zunächst Chinesen und Chinesinnen Wissen und Perspektiven aus Deutschland und Europa an. Damit bereitet sie wiederum für Deutsche einen Nährboden, um mit diesen Menschen ins Gespräch zu kommen und sie für deutsche und europäische Inhalte zu interessieren. Umgekehrt gäbe es sicherlich vieles, was Deutsche aus ihrer Perspektive über sich (neu) erfahren und lernen können. Es gibt zu wenige Initiativen wie «The Voice from Germany», und es würde sich lohnen, diese mit öffentlichen Geldern zu fördern. Daraus könnten dann auch mehr bilinguale Initiativen entstehen oder Übersetzungsprojekte, die Nachrichten twittergerecht in die politische Kommunikation unter Menschen in China und Europa einspeisen.

Eine solche Initiative ist das «Great Translation Movement», ein Twitter-Konto, das seit seinem Start im März 2022 über 206 000 Follower gewonnen hat. Anlässlich des russischen Invasionskriegs in der Ukraine wollten die Initiatoren englischsprachigen Lesern zeigen, dass auch Menschen in China den Krieg – und die offizielle Position Beijings – ablehnen. Angefangen hatten die Übersee-Chinesen in Hongkong und Kanada, die bewusst anonym bleiben wollen, auf der Plattform «Reddit». Als «Reddit» sie wegen Verstoßes gegen den Schutz von personenbezogenen Daten sperrte, zogen sie weiter und machten Twitter zu ihrer Hauptplattform. Die Betreiber des Kontos sind über mehrere Länder verteilt und legen weder ihre genauen Aufenthaltsorte noch ihre Identität offen – zu ihrem eigenen Schutz, wie sie sagen. Denn der Arm der chinesischen Regierung reicht bis ins Ausland, und manche der Beteiligten haben auch Familie in der Volksrepublik. Ihre Kritiker – allen voran die chinesische Regierung – werfen ihnen vor, überwiegend «extreme und kritische» chinesische Stimmen zu übersetzen und kein repräsentatives Bild der chinesischen Öffentlichkeit abzubilden. Chinas gefährliche, ultranationalistische Tendenzen sichtbar zu machen, formulieren die Initiatoren als ein wichtiges Anliegen. Sie bemühen sich laut Interviews um eine gewisse Repräsentativität, aber sie geben nicht vor, das gesamte Meinungsspektrum Chinas abzubilden. Die überwiegende Zahl der Posts ist auf Englisch. Die Links zu den chinesischen Originalquellen werden in einem Online-Archiv hinterlegt, da gerade kritische Beiträge schnell gelöscht werden.[11]

Innerhalb Europas beheimaten sowohl Großbritannien, aber auch Frankreich oder Schweden engagierte chinesische Intellektuelle, welche digitale Medienplattformen nutzen, um in verschiedenen Sprachen zu informieren. Warum Sus Blogger-Kolleginnen und -Kollegen in Deutschland – wenn überhaupt – eher Englisch als Deutsch lernen, hat unterschiedliche Gründe. Dass die englischsprachige, an chinesischen Stimmen interessierte Öffentlichkeit größer ist als die deutschsprachige, ist sicherlich einer davon.

Vielleicht ist aber auch die Idee, dass chinesische Stimmen im digitalen Raum für uns bedeutsam sein können, hierzulande fremd. Wir müssten uns darauf besinnen, dass digitale öffentliche Räume nicht zwangsläufig nur kleine «Echokammern» oder extremistische Strömungen beherbergen. Voraussetzung dazu wären absolute Transparenz, politischer Mut und vielleicht auch etwas Verrücktheit (wie bei vielen Visionen).

Eine, die nicht nur mutige, verrückte Visionen hat, sondern auch das nötige Know-how besitzt, diese anzuschieben, ist Audrey Tang. Dass jeder Einzelne wichtig ist, um etwas zu erreichen, hat die Software-Programmiererin und amtierende taiwanesische Ministerin für digitale Angelegenheiten eindrucksvoll demons-

triert. Weniger als 300 Kilometer Luftlinie von Chinas südöstlicher Provinz Fujian entfernt, ist die Inselrepublik eines der
digital am besten aufgestellten Länder der Welt. Tang hat dabei
eine große Rolle gespielt.

Taiwans Digitalministerin irritiert, überrascht und überschrei-
tet schon damit Grenzen. Sie ist die erste transgender und
nicht-binäre Politikerin in Taiwans Kabinett. Vielleicht ist Tang
deshalb besonders gut geeignet, auf authentische Weise neue,
ungewöhnliche Lösungen für Probleme zu entwickeln.

Die heute 41-jährige (geboren im April 1981) streut gerne Humor in ihre Ausführungen, lacht immer wieder herzlich, prob-
lemlos auch über sich selbst. Ein hoher IQ wurde ihr in die Wiege
gelegt, laut Medienberichten einer von 180, und sie hatte Eltern,
die ihre Entwicklung aktiv unterstützten. Ihre unternehmerisch
aktive Mutter war an der Entwicklung einer experimentellen
Grundschule beteiligt und verhielt sich selbst, so Tang in Interviews, oft burschikos. Sie und ihr Mann förderten gezielt kriti-
sches Denken und klares Argumentieren zu konkreten Themen
in Familiendiskussionen.[12]

Tang beschäftigte sich im Grundschulalter bereits mit klassi-
scher Literatur in mehreren Sprachen, komplexer Mathematik
und Programmiersprachen. Da sie keinen eigenen Computer besaß, habe sie mit Stift und Papier begonnen, Programmieren zu
denken, so Tang. Vielleicht antwortet sie deshalb so schnell,
hochkonzentriert und präzise auch auf ungewöhnliche Fragen.
Zugang zu Computern und Netzwerken bekam sie erstmals, als
die ganze Familie für ein Jahr nach Saarbrücken ging. Ihr Vater
interviewte Exil-Chinesinnen und Chinesen aus ganz Europa
für sein Promotionsstudium über die chinesische Studierenden-
bewegung im dortigen Wohnzimmer der Familie. Zurück auf
Taiwan begann Tang sich weitere Programmiersprachen und
Modellierungen beizubringen. Sie scheute sich auch nicht davor,

Wissenschaftlern E-Mails mit langen Fragelisten zu schicken. An den durchstrukturierten Schulalltag konnte sich Tang nicht gewöhnen. Sowohl ihre Eltern als auch die Schuldirektorin hatten ein Einsehen und Tang wurde mittels extra angefertigter Dokumente bereits mit 14 von der Schulpflicht befreit.

Damals gründete Audrey mit 16 ihre eigene Firma und arbeitete für verschiedene Silicon Valley Start-ups aus dem Home Office in Taiwan als Programmiererin und Beraterin. Sie änderte ihren Vornamen, nahm einige geschlechtsanpassende Behandlungen vor und begann offen transgender aufzutreten. Sie trägt heute ihre schulterlangen Haare meist offen, zu einer randlosen Brille und Gesicht ohne Bartansatz, mit in der Regel weiten T-Shirts oder Hemden und manchmal Röcken. Sie spricht mit tiefer Stimme, bewegt sich gerne bei ihren Auftritten und strahlt eine natürliche Zufriedenheit aus.

In den 2000er Jahren tauchte Tang tief ein in die Welt von Open Source, Hackathons und kollaborativer Softwareentwicklung rund um die Programmiersprache Perl. Sie initiierte und entwickelte Hunderte von Projekten, viele davon dokumentiert auf dem Comprehensive Perl Archive Network (CPAN). Ihre Begabung und Begeisterung waren aber nie nur die eines genialen Nerds, der sich lieber mit Technologie auseinandersetzt als mit Menschen. Tang besitzt neben einem sehr hohen IQ offensichtlich auch einen sehr hohen EQ. Ihr Vater erzählte in einem Interview von einem für ihn zentralen Erlebnis: Als Audrey Tang, damals acht, auf einem Camping-Ausflug einen Jungen sah, der Insekten malträtierte, begann sie, fürchterlich zu weinen. Da wäre ihm und seiner Frau die «hohe Sensibilität für Schmerzen im Leben» seines Kindes zunehmend bewusst geworden. Dass Tang ihre Programmierkenntnisse freiwillig für die studentische «Sonnenblumen»-Protestbewegung im Frühjahr 2014 zur Verfügung stellte, ist einem humanistischen Impuls geschuldet. «Ich muss sofort los, denn die Demokratie braucht mich», schrieb sie Mitte März aus ihrem Home Office in Taiwan in den internen Chat der Firma Socialtext, einer Firma im Silicon Valley, die einer ihrer damaligen Kunden war.[13]

Die protestierenden Studierenden waren der Ansicht, dass ein neues Handelsabkommen ihrer Regierung mit der Volksrepublik zu Investitionen aus China Taiwans Interessen verraten hätte. Tang half den Protestierenden, ihr Kommunikationsnetzwerk aufzusetzen – von selbst gelegten Ethernet-Verbindungen bis hin zu Interaktionsforen. Sie griff dabei auf Tools zurück, die sie 2012 mitentwickelt hatte. Schon damals war das Ziel des losen Hacker-Netzwerks, staatliche Politik transparenter und damit besser zu machen. Dazu stellten sie öffentlich verfügbare Daten und Analysetools nutzerfreundlich auf der Plattform «gOv» bereit. Eines der ersten Projekte war es, den jährlichen Staatshaushalt so darzustellen, dass er übersichtlich und verständlich für jedermann war. Lokale Verwaltungsbeamte konnten in den Dialog mit Bürgern treten. Tang galt als die Übernacht-Problemausputzerin bei Schwachstellen im Code der Programme.

Die protestierenden Studierenden nutzten die Plattform von «gOv», um mit der Gesellschaft in den Austausch über das Handelsabkommen zu treten und konkrete Lösungsvorschläge für die aufgeworfenen Probleme zu entwickeln. Es war ein Gesellenstück der deliberativen digitalen Demokratie. Die Protestbewegung wurde getragen von einer Welle der öffentlichen Unterstützung und besetzte im Laufe des März 2014 trotz massiver Polizeigewalt zunächst das Parlaments- und später das Regierungsgebäude des als Beijing-freundlich geltenden Präsidenten Ma Ying-jeou. Die Protestbewegung beendete ihre Besetzung, nachdem die Regierung mehr Transparenz und öffentlicher Aufsicht bei der Implementierung des Abkommens zugestimmt hatte. Damit überwanden beide Seiten die Grenzen früherer

Gegnerschaft und des Misstrauens. Der damalige Präsident Ma und seine Digitalministerin Tsai luden die tech-affinen Aktivisten der Sonnenblumen-Bewegung ein, eine interaktive Plattform zwischen Bürgern und Regierung aufzubauen, heute bekannt als «vTaiwan», aus der konkrete Gesetzesvorhaben entstehen konnten. Die Betreiber stellen alle bekannten Fakten und Informationen zu öffentlich relevanten Problemen auf der Plattform zur Verfügung. Basierend auf der in den USA entwickelten Abstimmungsplattform Pol.is können Bürger nun Ideen zur Lösung eines Problems entwickeln und über Ideen von anderen abstimmen – bewusst ohne direkte Antwortmöglichkeiten, um polarisierende Auseinandersetzungen in einem ersten Schritt zu vermeiden. Dennoch bietet die Plattform die Möglichkeit, die eigene Meinung im Kontext von anderen zu visualisieren.

Die Kuomintang-Partei des scheidenden Präsidenten Ma, der nicht für eine dritte Amtszeit kandidieren konnte, verlor bei den Präsidentschaftswahlen im Januar 2016 die Mehrheit. Ma empfahl Audrey Tang seiner Nachfolgerin, Präsidentin Tsai Ying-wen von der Demokratischen Fortschrittspartei (DPP). Zunächst sollte Tang sich vor allem um den Aufbau eines «Asia Silicon Valley» kümmern, später jemanden finden, die oder der als Minister ohne Portfolio politikrelevante Anliegen mit Bürgern diskutiert. Tang entschloss sich schließlich, die Sache selbst in die Hand zu nehmen. Im August 2016 wurde sie offiziell zur Ministerin berufen und trat ihr Amt als Digitalministerin am 1. Oktober desselben Jahres an.

Sie initiierte die Plattform «Join», wo mittlerweile rund die Hälfte der Bevölkerung Taiwans registriert ist. Jede teilnehmende staatliche Institution verpflichtet sich zur detaillierten Auseinandersetzung mit jedem Gesetzesvorschlag, der mehr als 5000 Unterstützer gesammelt hat. Tang garantiert damit, dass solche Anliegen schnelle Antworten bekommen. Wir nehmen

Bürgeranliegen ernst, ist die zentrale Botschaft. Sollten die staatlichen Institutionen den Vorschlag für gut befinden, organisiert Tang als nächsten Schritt ein Offline-Treffen zwischen allen potenziell betroffenen Akteuren, zwischen Politikern, Unternehmern, Experten oder auch Aktivisten gleichermaßen. Alle diskutieren von Beginn an gemeinsam über die Gesetzesinitiative.

Audrey Tang hat eine Reihe weiterer Grenzen aufgehoben bzw. durchbrochen, was Taiwans digitale Stärke begründet. Zugegebenermaßen kann Tang dabei an eine wichtige Ressource der Inselrepublik, ein Quasi-Monopol auf dem globalen Chipmarkt, anknüpfen. Dieses ist das Ergebnis einer weitsichtigen, gezielten Förderung durch die Kuomintang-Regierung in den 1980er und 1990er Jahren. Allein der Markenführer TSMC produzierte 2021 weltweit über 50% aller Halbleiter. Die Konkurrenten aus Südkorea und den USA folgen mit deutlichem Abstand, noch deutlicher dahinter dann erst die Unternehmen aus der Volksrepublik.[14]

Der wachsende Erfolg von Taiwans Start-up-Ökosystem ist der Verdienst von Tangs vernetzendem Denken. Unbürokratischer Zugang zu Startfinanzierung inklusive spezieller Visa für Start-up-Gründer gehören ebenso dazu wie eine offene Kultur des Scheiterns und die Möglichkeit, Ideen auf kollaborativen Plattformen zu testen – ohne Sorge vor Ideenklau dank eines exzellenten Rechtssystems. Digitalisierung als «work in progress» – Machen statt Perfektionismus – ist der Kern von Tangs und Taiwans Erfolg.

Open-source-Software-Lösungen per default bei Neuanschaffungen im Staatssektor erhöhen nicht nur das Vertrauen in die Regierung, sondern auch die Sicherheit von Softwareanwendungen – aus der Sicht Tangs der zentrale Baustein einer robusten Cybersicherheit. Taiwan hat es laut Regierungsangaben mit bis zu fünf Millionen Attacken pro Tag zu tun.[15] Laut Experten hat die Inselrepublik trotz zunehmend auch global erfolgreicher Unternehmen im Bereich Cybersicherheit noch größere Lücken durch veraltete Betriebssysteme, mangelnde Notfallpläne und Berichtssysteme.[16]

Die wirkungsvolle Offenlegung von Desinformationen – eine der zentralen Herausforderungen von Demokratien – geschieht auf Basis von leicht digital abrufbarem, für alle zur Verfügung stehendem kollektivem Wissen, welches per Chatbot aktivierbar ist. Tang hat jedes Ministerium gebeten, sogenannte «Beamte für Bürgerbeteiligung» abzustellen. Auch bei akut auftretenden Krisen wie Covid-19 ist es so möglich, ressortübergreifend und unter Einbeziehung der Bevölkerung nach Lösungen für Probleme wie einem effizienten Zugang zu Masken zu suchen und wirkungsvolle Maßnahmen mit Humor zu kommunizieren.

So ist es keine Überraschung, dass Taiwan im World Digital Competitiveness Ranking 2022 des Schweizer International Institute for Management Development (IMD) Bestnoten erzielt. Das auf Umfrage- und statistischen Daten beruhende Ranking bewertet mittlerweile im fünften Jahr Länder in den drei Kategorien Knowhow, Technologie sowie zukünftige Bereitschaft. Taiwan nimmt Platz 11 ein – vor China (17) und auch Deutschland (19). In der Kategorie «Technologie» landet Taiwan sogar auf dem 6. Platz.[17] Das liegt vor allem an der weltweit führenden Chipindustrie.

Eine große Begeisterung der Bevölkerung für digitale Technologie – Hand in Hand mit hohen Ansprüchen an den Schutz von personenbezogenen Daten, an Nutzerfreundlichkeit und Offenheit – ist in Taiwan nicht zuletzt auch Persönlichkeiten wie Audrey Tang zu verdanken. Als Ministerin lebt sie weiter vor, wovon sie spricht: radikale Transparenz, getragen von einem unerschütterlichen Glauben an den Wert und den Beitrag eines jeden Einzelnen. An den Glauben, dass einzelne Ideen, und mögen sie noch so abstrus sein, es wert sind, getestet zu werden. Sie dürfen Spaß machen und Freude verbreiten, das macht Ideen vielleicht umso erfolgreicher. Skeptische Bürokraten überzeugt Tang gerne damit, dass solche Lösungsprozesse letztlich Zeit sparen und Risiken minimieren.

Tang wird als Speakerin weltweit eingeladen, andere Länder bzw. Städte wollen von Taiwans Erfahrungen lernen. Auch wenn die spezifischen Erfahrungen eines kleineren Inselstaates mit einer gut gebildeten Bevölkerung nicht 1:1 übertragbar sind, transportiert Tang einen genauso reflektierten wie mutigen Glauben an die Wirkung von kleinen Veränderungen durch individuelle Verantwortung. Einzelne Ideen, Entscheidungen und Handlungen können etwas bewirken – wenn sie andere Menschen ernst nehmen, ermutigen und inspirieren können.

Audrey Tang formuliert es vor dem Hintergrundbild ihres Twitter-Profils wie folgt:

«Wenn wir ein ‹Internet der Dinge› sehen, lasst es uns zu einem Internet der Menschen machen. Wenn wir ‹virtuelle Realität› lesen, lasst sie uns zu einer geteilten Realität machen.

Wenn wir ‹maschinelles Lernen› sagen, lasst es uns zu einem gemeinsamen Lernen machen.

Wenn wir ‹Nutzererfahrung› sagen, lasst es uns zu einer menschlichen Erfahrung machen.

Wenn wir hören, ‹die technologische Singularität ist nahe›, lasst uns nicht vergessen, dass wir hier eine pluralistische Gemeinschaft sind.»[18]

9.
Epilog: Menschliche Überraschungen

Eine Perspektive der Ambivalenz auf der Grundlage von einzelnen Lebenswelten und individuellen Biographien muss den Leser zwangsläufig fragend, aber – hoffentlich – nicht ratlos mit Blick auf das digitale China zurücklassen.

Drei analytische Erkenntnisse lassen sich anhand der skizzierten Biographien festhalten:

1. Kraft der Überraschungen

Die Dynamiken und Effekte des digitalen China waren, sind und werden durch Wendungen und Brüche gezeichnet.

Menschen wie die Mutter des sozialen Bonitätssystems, Huang Wenyu, oder die Macherin von AntFinancial, Lucy Peng, haben an bestimmten Punkten ihres Lebens aufgrund von spezifischen Erfahrungen teils ungewöhnliche Entscheidungen getroffen. Dies hatte überraschende Folgen: Im Falle Huangs weitete der Parteistaat das Bonitätssystem über die finanzielle Kreditwürdigkeit hinaus aus und scheiterte dann an dem eigenen Ziel, bis Ende 2020 die entstandenen Einzelsysteme und die fragmentierten Daten zu zentralisieren. Im Falle Pengs war AntFinancial unglaublich erfolgreich und revolutionierte das chinesische Bezahlungs- und später Kleinkreditwesen. Dass der Parteistaat unter Xi Jinping die Marktmacht und damit wachsende Unabhängigkeit von AntFinancial so sehr als Bedrohung wahrnehmen würde, dass er die Firma einhegen oder gar zerschlagen will, war in dieser Rigorosität ebenfalls nicht vorhersehbar.

Auch wenn der chinesische Parteistaat seit 2012 durch digitale Technologien seine Fähigkeit zur Steuerung und Überwachung der Bevölkerung massiv ausgebaut hat: Der technologische Totalitarismus bleibt nicht nur bei einer sich weiter vertiefenden Wirtschaftskrise anfällig für Planungsfehler und Unwägbarkeiten.

2. Kraft des Konsumismus

Die Digitalisierung hat in China eine weltweit einzigartige Wucht der Kommerzialisierung entfaltet.

Ohne den durchdringenden Erfolg des mobilen E-Commerce hätte Viya Wang – die «Königin des Livestreaming» – nie so hoch aufsteigen und der Lieferfahrer und Arbeiteraktivist Chen Guojiang nie so viel bewegen können. Allerdings wären auch beide nie so rigoros von den parteistaatlichen Behörden zu Fall gebracht worden. Die Regierung in Beijing braucht die Macht des Kommerzes für ihre eigene Legitimität, aber sie fürchtet den Konsumismus auch. Das Jugendidol Wang «Ame» Chunyu hat die chinesische E-Sport-Industrie zu einer der lukrativsten weltweit gemacht. Aber die Gaming-Industrie prägt gleichzeitig auch eine aus Sicht der chinesischen Regierung politisch nur schwer mobilisierbare, US-beeinflusste und auf sich selbst fixierte junge Generation.

Schwindende Wohlstandsgewinne und um sich greifende Arbeitslosigkeit werden die Wucht der digitalen Kommerzialisierung wohlmöglich (ein)dämmen. Unabhängig davon bleibt offen, ob sich der Konsumismus mehr als eine ausgleichende Kraft zu der von Beijing beförderten Ideologie oder als wachsendes Hindernis für Individualismus und Solidarität erweisen wird.

3. Kraft der Kreativität

Trotz eines autoritären bzw. zunehmend totalitären Parteistaats sind Erfindergeist und Kreativität der Chinesinnen und Chinesen beeindruckend.

Durch Fleiß, Neugierde und Netzwerke hat Jungunternehmer Cao Xudong seine Firma Momenta zu einer der erfolgreichsten im Bereich des autonomen Fahrens gemacht. Die NFT-Künstlerin Song Ting hat nicht nur eindrucksvolle Kunstobjekte geschaffen, sondern nutzt auch klug die Grenzen des Erlaubten und die Möglichkeiten des Auslands, um sich selbst eine unabhängige Zukunft zu sichern.

Die zunehmende Verhärtung und Ideologisierung des Privatsektors unter Partei- und Staatschef Xi Jinping macht eine Start-up-Karriere immer weniger attraktiv, und Kunstschaffende werden zu leichten Zielscheiben. Dass dies die Innovationskraft der Volksrepublik nachhaltig beeinflusst, ist ebenso möglich wie weiterhin florierende, Grenzen überwindende digitale Kunstprojekte.

Für uns in Deutschland und Europa haben diese Entwicklungen des digitalen China mit Blick auf die Gesellschaft in der Volksrepublik verschiedene Implikationen.

Klare Grenzen gegenüber der Präsenz von chinesischen Technologien innerhalb der EU sollten wir mit unseren Regularien angehen und gut begründen – auch gegenüber Chinesinnen und Chinesen, die unsere Entscheidungen genau beobachten. Es geht weniger um technische Details, sondern um die politische Dimension von Sicherheit: Chinesische IT-Unternehmen stehen im Zweifels- oder Krisenfall bei Fragen von Datenschutz und Funktionalität letztlich immer unter dem Befehlsdruck der Kommunistischen Partei. Digitale Technologien chinesischer Unternehmen liefern die Komponenten des Überwachungs- und Kontrollsystems der Volksrepublik. Dies sollte uns nicht egal sein. Es wäre ein wichtiges Signal, auch unsere unternehmerische Beteiligung am digitalen Überwachungssystem in China, insbesondere in der nordwestlichen Region Xinjiang, offen anzusprechen.

Die Wucht der digitalen Kommerzialisierung macht diese selbstreflektierte Haltung umso notwendiger – es sind nicht nur US-Produkte, sondern auch europäische Waren, welche die Selbstinszenierung und den Kaufrausch in China befördert haben. Es geht nicht darum, von Unternehmen ein moralisch überhöhtes Zuwiderhandeln gegen ihre existenzielle Logik, profitabel zu sein, zu verlangen. Es geht aber um eine gegenüber Chinesinnen und Chinesen zum Ausdruck gebrachte selbstkritische Betrachtung der Profitgier von Managern und der Schnäppchenjagd von Konsumenten.

Mit Blick auf die Kreativität und den Erfindergeist von erfolgreichen Chinesinnen und Chinesen stehen wir vor der Herausforderung, sie sowohl als potenzielle Konkurrenten und Spione überprüfen zu müssen, als auch als zu umwerbende Top-Talente und potenzielle Mitstreiter im Kampf gegen destruktive Einflussnahmen der chinesischen Regierung zu sehen. Es kommt auf eine sorgfältige Einzelfallprüfung im konkreten Kontext an.

Der Blick auf den Einzelnen ist mühseliger und zeitaufwendiger als standardisierte Prozesse. Doch nur dadurch behalten wir die Chance, Chinesinnen und Chinesen, die gegenüber liberaldemokratischen Strukturen offen sind, als Verbündete auf dem Weg zu einer den Einzelnen respektierenden und aktivierenden Digitalisierung zu gewinnen.

Digitale Technologien und Prozesse sind letztlich nur so gut wie die Menschen, die sie erfinden, entwickeln und nutzen.

Wenn wir mit Blick auf die Digitalisierung den einzelnen Menschen in den Blick nehmen, ihn auch bei uns weder als allmächtigen Planer, unangenehmen Andersdenkenden oder Teil einer mitlaufenden Masse vorverurteilen, dann kann Digitalisierung im Sinne eines offenen Prozesses gelingen und begeistern.

Die in diesem Buch skizzierten Biografien haben gezeigt: Das Handeln einzelner Menschen macht einen Unterschied. Die Digitalisierung – das haben die Lebenswelten in China auch illustriert – verstärkt bestehende und schafft neue Herausforderungen. Die Offenheit der zukünftigen Entwicklung von Digitalisierung bedeutet aber nicht zwangsläufig willkürliches Chaos oder unaufhaltsame Degeneration. Verantwortungsbewusstes, ja mutiges Handeln von Einzelnen kann Solidarität und gemeinschaftliche Ziele fördern.

Bürgerjournalisten 公民记者

Menschen ohne formale journalistische Ausbildung, welche in Eigeninitiative über soziale Medien die Rolle von Journalisten übernehmen. Sie liefern besonders in Krisen oder bei Katastrophen, wenn die chinesische Regierung offizielle Berichterstattung stark zensiert, wichtige Augenzeugenberichte mit Hilfe ihres Smartphones. Da sie keine offizielle journalistische Akkreditierung haben, sind sie aus Sicht der chinesischen Regierung illegal tätig. Die Bürgerjournalisten werden oft eingeschüchtert, festgehalten oder verhaftet.

Cyberspace Administration der Volksrepublik China (CAC)

Chinas zentrale Behörde für Cybersicherheit, Datenregulierung und Online-Nachrichten bzw. Texte. Sie existiert als «eine Institution mit zwei Schildern» innerhalb der Strukturen der Kommunistischen Partei Chinas (als Büro der Zentralen Kommission für Cybersicherheit und Informatisierung) als auch als staatliche Institution (Nationale Behörde für Internet und Informatisierung Volksrepublik). Sie ergänzt und konkurriert mit anderen wichtigen Regulierungsbehörden wie dem Ministerium für Internet und Informatisierung (Kompetenz: Industrie, Unternehmen), der Staatlichen Behörde für Film- und Fernsehen (Kompetenz: Inhalte) und der Nationalen Reform- und Öffnungskommission (Kompetenz: Strategie, intersektorale Koordination).

Als Verwalterin des China Internet Investment Fund hat die CAC jüngst auch Anteile an chinesischen kommerziell geführten IT-Unternehmen erworben, zum Beispiel an Bytedance (Mutterfirma von TikTok), SenseTime oder Sina Weibo.

«City Brain»-Projekt 城市大脑

Big-Data-Pilotprojekt, welches 2016 in der östlichen Stadt Hangzhou erste Anwendung fand. Es wurde als digitales Verkehrs-
management, zur Verbesserung der Verkehrsflüsse und Verrin-
gerung der dadurch entstehenden Umweltbelastungen getestet.
2020 nutzen elf chinesische Städte «City-Brain» mit erweiterten
Kompetenzen in den Bereichen E-Governance und Gesundheits-
management.

Cybersouveränität 网络主权

Von Vertretern der chinesische Regierung initiiertes Konzept,
welches Beijing aktiv in internationalen Gremien bewirbt. Insbesondere andere autoritäre/totalitäre Länder wie Russland unterstützen dieses Konzept, welches eine eigene nationale Regulierung des Internets betont. Cybersouveränität lehnt internationale,
einheitliche Standardisierung einer genuin grenzüberschreiten-
den Technologie ab.

Digitale Seidenstraße 数字丝绸之路

Teil der «Neuen Seidenstraßen»-Initiative (wörtlich «ein Gürtel,
eine Straße», 一带一路), eine 2013 kommunizierte Strategie, welche die Handels- und Infrastruktur zwischen der Volksrepublik
China sowie Ländern in Asien, Europa, Afrika und Lateiname-
rika ausbauen will.

Die «digitale Seidenstraße» beinhaltet Projekte der digitalen
Infrastruktur, u. a. 5G-Netzwerke, E-Commerce, Payment-Sys-
teme, Überwachungstechnologie sowie die Etablierung von chinesischen digitalen Standards und Konzepten (s. auch Cybersouveränität).

Gesundheitskode 健康码

QR-Code, der auf Basis von individuellen Gesundheits- und Bewegungsdaten auf dem Smartphone generiert wird. Die Codes könnten über Applikationen von subnationalen Regierungen oder auch direkt via Alipay oder WeChat-Pay beantragt werden. Nutzer erlauben dann einer nationalen Datenbank Zugriff auf u. a. Handynummer und Mobilitätsdaten. Während der Covid-19-Pandemie waren in China Reisen lange Zeit nur mit einem grünen Code möglich, mit einem gelbem oder gar roten Code blieben Zugänge verschlossen und es folgten Quarantäneregelungen. Vorfälle in der Provinz Henan haben gezeigt, dass staatliche Behörden diese Codes eigenmächtig auf rot schalten können.

«Golden Shield»-Projekt 金盾工程

1998 vom Ministerium für Öffentliche Sicherheit initiiert. Ziel ist der Aufbau einer Internetinfrastruktur und Datenbank mit digitalen Informationen über Chinas Bürger. Ein Subsystem des Projekts ist die «Great Firewall». Diese regelt Zugriffsmöglichkeiten auf das Internet über wenige staatlich kontrollierte Gateways für den Datentransfer von und nach China.

Gruppen-Kauf 团购

Kunden beziehen im privaten Zusammensein eine größere Menge an Produkten direkt vom Produzenten und handeln mit diesem einen Sammelpreis aus. Dieser Prozess wird durch die Digitalisierung begünstigt, da Bestellungen online organisiert und bezahlt werden können. Gruppenkäufe haben während der Covid-19-Pandemie zunehmend an Bedeutung gewonnen, da sie eine unabhängige Versorgung ermöglichten. Aufgrund von strengen Lockdowns wurde nachbarschaftliche Versorgung stellenweise lebensnotwendig.

Internet plus 互联网+

Ein 2015 von Ministerpräsident Li Keqiang verantworteter 10-Jahres-Plan als Teil einer umfassenden Digitalisierung der chinesischen Wirtschaft und Gesellschaft. Zu den Komponenten des Plans gehören u. a. die verstärkte Verflechtung zwischen Industriesektoren und Infrastruktur mit Informations- und Kommunikationstechnologien (IKT), die Ausweitung der digitalen Infrastruktur sowie die Förderung von Innovation durch Startups im IKT-Bereich.

Kode-Sklaven 码农

Selbstbezeichnung von Chinas IT-Programmiererinnen und Programmierern, um auf ihre prekäre Arbeitssituation aufmerksam zu machen.

«Menschenfleischsuche» 人肉搜索

Ein Phänomen, bei welchem Menschen private Daten über eine Person online posten und diese Person dadurch oft öffentlich anprangern bzw. diskreditieren. In der Regel werden diese Hetzjagden durch ein Fehlverhalten und/oder Skandal ausgelöst.

Online-Hinschauen 围观

Online-Hinschauen gilt in China als Form des minimalen Protestes. Das Wort wurde in der ersten Dekade der 2000er Jahre zu einem gebräuchlichen Aufruf bei Ereignissen, über welche die chinesische Regierung Informationen unterdrücken oder manipulieren wollte.

Single's Day 光棍节

Chinesisches Pendant zum US-amerikanischen Black Friday. Es handelt sich um ein 11-tägiges Shoppingevent. Besonders am chinesischen «Single's Day» gehen die Rabatte über Haushalts-

und Entertainmentprodukte hinaus. Kommerziell ist dieses Event für viele Unternehmen außerordentlich lukrativ. Manche Firmen machen an diesem Tag mehr Umsatz als im ganzen restlichen Jahr.

Soziales Bonitätssystem 社会信用体系

Bewertungssystem für Bürger und Unternehmen, inklusive ausländischer, auf Basis von Gesetzen sowie soziopolitischen Anordnungen und Normen.

Für Unternehmen ist das System bereits national recht einheitlich und flächendeckend umgesetzt, für Einzelpersonen noch sehr fragmentarisch. Aktuell besteht das Bonitätssystem für Bürger aus einzelnen Bausteinen wie nationalen schwarzen Listen, lokalen Pilotprojekten und kommerziellen Programmen im Kontext des E-Commerce.

Variable Interest Entity (VIE)

Diese Firmenstruktur hat es chinesischen Unternehmen ermöglicht, Kapitel an ausländischen Börsen aufzunehmen. Per Gesetz dürfen ausländische Investoren keine Anteile an chinesischen Firmen in geschützten Industriebereichen wie dem IT-Sektor halten. So haben z. B. Alibaba oder auch Tencent offshore, meist auf den Cayman Islands registrierte VIEs gegründet. Ausländische Investoren haben dann de jure Anteile an diesen erworben. VIEs unterliegen weniger strikten Offenlegungs- und Berichtpflichten.

«Über die Mauer springen» 翻墙

Mit Hilfe eines virtuelles privates Netzwerk (VPN)-Klienten können Nutzer in China eine verschlüsselte Verbindung zu einer Seite aufbauen, die in der Volksrepublik gesperrt ist. Der Klient leitet die Anfrage an einen ausländischen Server weiter, der mit einer ausländischen IP-Adresse die Seite ansteuern und so für den Nutzer in China zugänglich macht. Diesen Vorgang nennen Chinesinnen und Chinesen «über die Mauer [Great Firewall] springen».

Chronologie – Zentrale Ereignisse des Digit@l China

Jahr	Ereignis
1984/1985	Gründung des ersten späteren IT-Hardware Champions Lenovo (Lianxiang; Computer) und ZTE (Telekommunikation)
1987	Erster Email-Versand zwischen China und Deutschland
1990	Einführung der Domaine .cn für China
1996/1997	Gründung der Online-Nachrichtenplattformen Sohu und Netease (Gründung von Sina bereits 1991 erfolgt)
1998	Gründung des Ministeriums für Informations-industrie (2008 Reorganisation als Ministerium für Industrie und Informationstechnologie)
1998/1999/-2001	Gründung von Tencent, Alibaba und Baidu anfänglich als IT-Software und Plattformunter-nehmen
2000	Börsengang von Sina, Sohu und Netease am Nasdaq
2008	China wird weltweit zur Nation mit den meisten Internetnutzern (damals rund 22% der Bevölkerung = 298 Millionen).
2009	Nach den blutigen Auseinandersetzungen zwischen Uiguren, Han-Chinesen und Polizisten in Urumuqi, Xinjiang werden Facebook und Twitter in China gesperrt.

2010	Google zieht sich aufgrund von Hacker-Angriffen und Zensurvorschriften aus der Volksrepublik China zurück und verlagert seine Server nach Hongkong.
2012/13	Xi Jinping wird Parteivorsitzender, Oberkommandeur der Militärs und Staatspräsident.
2012	Alibaba etabliert den «Singles Day» als Online-Shopping-Tag.
2014	China richtet zum ersten Mal die «World Internet Conference» aus, auf der Beijing des Konzept der «Cybersouveränität» vorstellt.
2014	Gründung der resortübergreifenden Cyberadministration Chinas (CAC)
2016	Audrey Tang wird Digitalministerin von Taiwan.
2017 (Juni)	Inkrafttreten des Nationalen Sicherheitsgesetzes Die chinesische Regierung kann international agierende chinesische Firmen im Namen von Sicherheitsinteressen zwingen, Daten preiszugeben.
2017 (Juni)	Inkrafttreten des Cybersicherheitsgesetztes Ausländische Unternehmen müssen umfangreiche Auflagen bzgl. Sicherheitsstandards, Datenlokalisierung und -transfer erfüllen.
2020 (November)	Chinesische Finanzaufsicht stoppt zwei Tage vor Termin den Börsengang der AntGroup (ehemals AntFinancial) in Shanghai und Hongkong.
2020 (November)	Jack Ma Yun (Alibaba) tritt zurück. Daniel Zhang wird neuer CEO.

2021 (Januar/ Februar)	Die neue App «Clubhouse» ist für kurze Zeit in China frei zugänglich. Seltene, sehr konstruktive und bewegende Diskussionen zwischen Uiguren und Han-Chinesen, Taiwanesen und Chinesen finden statt. Am 8. Februar sperrt die Regierung den Dienst.
2021 (November)	Inkrafttreten des Datensicherheitsgesetzes und des Gesetzes zum Schutz von persönlichen Daten; Hauptlast der Umsetzung liegt bei Unternehmen.
2021	Beginn umfassender staatlicher Regulierung und Beschränkungen in den Bereichen E-Learning, Kryptowährungen, Gaming, Live-Streaming, Film und TV
2021 (August)	Regierung kauft 1% Anteile des Unternehmens Bytedance und übernimmt Sitz im Aufsichtsrat; weitere Anteilskäufe bei IT-Unternehmen wie Alibaba und Tencent folgen.
2021 (November)	Yahoo zieht Operationen aus China zurück.
2022 (Februar)	Im Rahmen der Olympischen Winterspiele in Beijing kommen viele digitale Technologien (Service-Roboter) und der E-Yuan als digitale Währung zum Einsatz.
2022 (März)	Regularien zur Offenlegung von Algorithmen treten in Kraft. China reguliert damit erstmals vor der EU und den USA einen digitalen Bereich. Nutzer können Empfehlungs-Algorithmen ab-schalten, Unternehmen müssen gegenüber dem Staat ihre Algorithmen offenlegen und staatliche Regulierungsbehörden können diese verbieten.

2021–2022	Massive Entlassungswellen in chinesischen IT-Unternehmen
2022 (August-Oktober)	Die USA verhängen eine Reihe von Sanktionen in Bezug auf IT-Produkte gegen China, u. a. Exportbann für Halbleiter zur Chipherstellung und Komponenten für Supercomputer.
2022 (November)	Proteste in Dutzenden Städten des Landes gegen die strikten Covid-Maßnahmen führen zum Stop der landesweiten Kontaktnachverfolgung bzw. Anfrage von Reisedaten.
2022 (November)	China legt ersten Entwurf für nationales Gesetz zum Aufbau des sozialen Bonitätssystems vor. Kategorien von Strafen und Belohnungen für Unternehmen sollen vereinheitlicht werden, kaum Informationen zum Bonitätssystem für Bürger.

Anmerkungen

Einleitung: Digitalmacht ohne Menschen?

1 Xinhuawang (2022). «关于群众反映的涉及李文亮医生有关情况调查的通报 (Bericht über die Untersuchung der Umstände, welche die Massen in Bezug auf Dr. Li Wenliang gemeldet hatten)». 19. März. http://www.xinhuanet.com/2020-03/19/c_1125737457.htm. Zugriff am: 09.09.2022.

2 Lam, Oiwan (2020). «Coronavirus Death of Whistleblower Li Wenliang Sets Chinese Social Media on Fire». 2. Juli. https://globalvoices.org/2020/02/07/coronavirus-death-of-whistleblower-li-wenliang-sets-chinese-social-media-on-fire/. Zugriff am: 10.08.2022.

3 Guo, Shaohua (2020). *The Evolution of the Chinese Internet: Creative Visibility in the Digital Public*. Redwood, CA: Stanford University Press.

4 Zusammenfassung der unterschiedlichen analytischen, nicht China-spezifischen Perspektiven u. a. bei Mölders, Marc/ Schrape, Jan-Felix (2019). «Digital Deceleration. Protest and Societal Irritation in the Internet Age». In: Musik, Christoph/ Bogner, Alexander (Hrsg.). *Digitalization and Society. A Sociology of Technology Perspective on Current Trends in Data, Digital Society, and the Internet*. Sonderheft 19. Berlin, Heidelberg: Springer VS. S. 199–215.

5 Strittmatter, Kai (2018). *Die Neuerfindung der Diktatur: Wie China den digitalen Überwachungsstaat aufbaut und uns damit herausfordert*. München: Pieper Verlag.

6 Kostka, Genia (2018). «China's Social Credit Systems and Public Opinion: Explaining High Levels of Approval». 22. August. https://papers.ssrn.com/sol3/papers.cfm?abstract_id=3215138. Zugriff am: 22.07.2022; Rieger, Marc Oliver/Wang, Mei/Ohlberg, Mareike (2020). «What do Young Chinese Think About Social Credit? It's Complicated». *MERICS China Monitor*. 26. März. https://merics.org/en/report/what-do-young-chinese-think-about-social-credit-its-complicated. Zugriff am: 19.07.2022.

7 Von Carnap, Kai / Drinhausen, Katja / Shi-Kupfer, Kristin (2020). «Tracing. Testing. Tweaking. Approaches to Data-Driven Covid-19 Management in China». 24. Juni. https://merics.org/en/report/tracing-testing-tweaking. Zugriff am: 10.07.2022; ChinaSpektrum (2022). «Pelosi in Taiwan, die Wissenschaft vom Weglaufen, manipulierte Gesundheitsapps: Debatten in Chinas Internet. 29. September. https://merics.org/de/studie/pelosi-taiwan-die-wissenschaft-vom-weglaufen-

manipulierte-gesundheitsapps-debatten-chinas. Zugriff am: 30.09. 2022.

8 U. a. Schneider, Florian (2018). *China's Digital Nationalism.* Oxford: Oxford University Press; Han, Rongbin (2019). «Cyber Nationalism and Regime Support under Xi Jinping: The Effects of the 2018 Constitutional Revision». *Journal of Contemporary China.* Vol. 30. Issue 131. 9. Februar. https://www.tandfonline.com/doi/abs/10.1080/10670564.20 21.1884957. Zugriff am: 18.08.2022; Liu, Hailong (Hrsg.) (2018). *From Cyber-Nationalism to Fandom Nationalism. The Case of Diba Expedition in China.* London: Routledge; Wang, Zhengyu/Tao, Yuzhou (2022). «Many Nationalisms, One Disaster: Categories, Attitudes and Evolution of Chinese Nationalism on Social Media during the COVID-19 Pandemic». *Journal of Chinese Political Science*, No. 26. https://link. springer.com/article/10.1007/s11366-021-09728-5. Zugriff am: 14.07. 2022.

9 Mühlhoff, Rainer/ Breljak, Anja/ Slaby, Jan (Hrsg.) (2019). *Affekt, Macht, Netz. Auf dem Weg zu einer Sozialtheorie der digitalen Gesellschaft.* Bielefeld: transcript Verlag. S. 17 f. Perspektiven der digitalen Anthropologie zeichnen sich oft dadurch aus, Widersprüche in digitalen Entwicklungen nicht nur analytisch zu beschreiben, sondern auch stehen zu lassen, s. u. a. Miller, Daniel (2018). «Digital Anthropology: The Cambridge Encyclopaedia of Anthropology.» https://www.anthroency-clopedia.com/entry/digital-anthropology. Zugriff am: 01.07.2022.

10 The Guardian (2020). «'It's all fake!': Chinese Official Heckled by Residents on Visit to Wuhan- Video». 6. März. https://www.theguardian. com/world/video/2020/mar/06/chinese-official-heckled-by-wuhan-residents-video. Zugriff am: 20.08.2022.

11 Zenz, Adrian (2021). «The Xinjiang Papers: An Introduction». 27. November.　　　https://uyghurtribunal.com/wp-content/uploads/2021/11/ The-Xinjiang-Papers-An-Introduction-1.pdf. Zugriff am: 04.05.2022.

12 Chan, John (2021). «Netizens Voices: 'Don't just Support Xinjiang Cotton. Support Xinjiang People'». *China Digital Times.* 25. März. https:// chinadigitaltimes.net/2021/03/netizen-voices-dont-support-xinji-ang-cotton-support-xinjiang-people-instead/. Zugriff am: 23.03.2022.

13 Brown, Kerry (2020). «The Communist Party of China and the Idea of ‹Evil›». *Oxford Political Review.* 14. April. https://oxfordpoliticalreview. com/2020/04/24/china-series-1. Zugriff am: 28.04.2022.

14 Dolata, Ulrich (2019). «Privatization, Curation, Commodification. Commercial Platforms on the Internet». *Österreichische Zeitschrift für Soziologie*, Nr. 44, S. 181–197.

15 Palmer, James (2022). «Will China Use Health Apps to Crack Down on Dissent?». 22. Juni. https://foreignpolicy.com/2022/06/22/china-co-vid-health-apps-surveillance-dissent-protest/. Zugriff am: 01.07.2022.

16 Interessanterweise war die einzige, strukturell gut organisierte Kraft,

die eine Ausbreitung und Kommerzialisierung von neuen Technologien in Frage stellte – wenn auch nicht als Kern ihrer Ideologie – die
später als «Kult» gebrandmarkte und verfolgte Falungong-Bewegung.

17 Die Autorin hat einige der Protagonisten getroffen bzw. gesprochen,
andere – u. a. aus Gründen von Covid-19-Reisebeschränkungen und
anderen Hindernissen – nicht. Auch um die Vergleichbarkeit des ver-
wendeten Materials zu gewährlisten, fließen persönliche Beobachtungen nur dann ein, wenn sie einen sehr wichtigen, ansonsten nicht zu
beschreibenden Aspekt betreffen.

18 Mühlhoff, Rainer/ Breljak, Anja/ Slaby, Jan (Hrsg.) (2019). *Affekt, Macht,
Netz: Auf dem Weg zu einer Sozialtheorie der digitalen Gesellschaft.*
Bielefeld: transcript Verlag. S. 22 ff.

2. Planer und Umsetzer

1 Zhongguoguangbowang (2012). «黄闻云：中国信用建设第一人 兼济天下为诚
信上书 (Huang Wenyun: Die erste Person, die Chinas soziales Bonitätssystem aufgebaut hat und einen Brief geschrieben hat, mit dem ehrlichen Wunsch, das Leben aller besser zu machen)». 31. August. http://
finance.cnr.cn/txcj/201208/t20120831_510800670.shtml. Zugriff am:
07.01.2022.

2 Zhu, Xiaojun (2018). «中国»网络沙皇» 鲁炜被公诉 «化妆师»不为人知的一面
(Eine Seite des als ‹Verwandlungskünstlers› öffentlich angeklagten
«Internetzars' Lu Wei «, die man nicht kennt)». 30. Juli. https://www.
bbc.com/zhongwen/simp/chinese-news-45002459. Zugriff am: 07.01.
2022.

3 Zhonggongzhongyangjiweijianchaweiyuanhui (2018). «中央宣传部原副
部长?中央网信办原主任鲁炜严重违纪被开除党籍和公职 (Lu Wei, ehemaliger
Vizeminister der Zentralen Propagandaabteilung und ehemaliger
Direktor des Zentralen Internet-Informationsbüros, wurde wegen
schwerer Verstöße gegen die Parteidisziplin aus der Partei und aus öffentlichen Ämtern ausgeschlossen)». 13. Februar. https://www.ccdi.
gov.cn/scdc/zggb/djcf/201802/t20180213_164225.html.   Zugriff am:
07.01.2022.

4 Eine englische Übersetzung des Abschlussentwurfs findet sich bei
Shu, Catherine (2014). «China Tried to Get World Internet Conference
Attendees To Ratify This Ridiculous Draft Declaration». 20. November.
https://techcrunch.com/2014/11/20/worldinternetconference-declara-
tion. Zugriff am: 20.12.2021.

5 SinoInsider (2017). «The Political Background of Purged Internet Czar
Lu Wei». https://sinoinsider.com/2017/11/the-political-background-of-
purged-internet-czar-lu-wei. Zugriff am: 07.01.2022.

6 Zhongguowang (2013). «国信办主任鲁炜:网聚正能量 共筑中国梦 (Direktor
der CAC Lu Wei: Positive Energie im Internet sammeln. Gemeinsam

am China-Traum bauen)». 30. Oktober. https://web.archive.org/web/20140403061114/http://politics.people.com.cn/n/2013/1030/c369091-23378535.html. Zugriff am: 12.02.2022.

7 Teets, Jessica (2016). «How Xi Jinping's Anti-Corruption Campaign Reduces Local Discretion and Policy Innovation». 25. Oktober. https://theasiadialogue.com/2016/10/25/how-xi-jinpings-anti-corruption-campaign-reduces-local-discretion-and-policy-innovation/. Zugriff am: 02.07.2022.

8 Frenkiel, Emilie (2020). «Governing by Technology in China: An Interview with Jesper Schlaeger». https://booksandideas.net/Governing-by-Technology-in-China.html. Zugriff am: 03.01.2022.

9 Gierow, Hauke/ Luc, Karsten/ Shi-Kupfer, Kristin (2016). «Governance Through Information Control. China's Leadership Struggles With Credibility in Social Media». https://merics.org/sites/default/files/2020-09/China_Monitor_No_26_Social_Media_EN.pdf. Zugriff am: 07.01.2022; Göbel, Christian/ Li, Jie (2021). «From Bulletin Boards to Big Data. *Journal of Current Chinese Affairs*, Ausgabe 50, Nr. 1, S. 39–62. https://doi.org/10.1177/1868102621992144. Zugriff am: 02.04.2022; Shi, Changqing/ Sourdin, Tania/ Li, Bin (2021). «The Smart Court – A New Pathway to Justice in China?». *International Journal for Court Administration*. Ausgabe 12, Nr. 1, S. 4. https://www.iacajournal.org/articles/10.36745/ijca.367/. Zugriff am: 12.02.2022.

10 Zum Beispiel Shenzhentequbao (2014). «黄闻云:中国信用体系建设第一人 (Huang Wenyun: Die erste Person, die Chinas soziales Bonitätssystem aufgebaut hat)». http://www.ccmpc.org.cn/news/page/1289.html. Zugriff am: 07.01.2022 oder Zhongguoguangbowang (2012). «黄闻云:中国信用建设第一人 兼济天下为诚信上书 (Huang Wenyun: Die erste Person, die Chinas soziales Bonitätssystem aufgebaut hat und einen Brief geschrieben hat, mit dem ehrlichen Wunsch, das Leben aller besser zu machen)». 31. August. http://finance.cnr.cn/txcj/201208/t20120831_510800670.shtml. Zugriff am: 07.01.2022.

11 Zhonghuarenmingongheguo Shengtaihuanjingbu (2021). «无废城市»巡礼(73) 威海:基于信用体系建设的农村生活垃圾分类模式 (Auf den Spuren der ‹Städte ohne Müll› (73) Weihai: Modell für die Mülltrennung des ländlichen Lebens auf Basis des sozialen Bonitätssystems)». https://www.mee.gov.cn/home/ztbd/2020/wfcsjssdgz/wfcsxwbd/wfcsmtbd/202103/t20210322_825583.shtml. Zugriff am: 07.01.2022.

12 Xinyong Zhongguo (2018). «首批社会信用体系建设示范城市风采一瞥 (Die gut anzusehenden ersten Vorzeigemodellstädte des sozialen Bonitätssystems)». https://www.creditchina.gov.cn/xinyongdongtai/buwei/201801/t20180115_106471.html. Zugriff am: 07.01.2022.

13 Drinhausen, Katja/ Brusee, Vincent (2021). «China's Social Credit System in 2021: From Fragmentation Towards Integration». 3. März.

https://merics.org/en/report/chinas-social-credit-system-2021-frag-
mentation-towards-integration. Zugriff am: 07.01.2022.

14 Beijingshi tongzhouqu Renminzhengfu (2022). «新华信用推出2022年社
会信用体系建设十大展望 (10 Empfehlungen von Xinhua Credit bezüglich des Aufbaus des sozialen Bonitätssystems 2022)». http://www.
bjtzh.gov.cn/xytzh/c109448/202202/1513682.shtml. Zugriff am: 07.01.
2022.

15 Xinyong Zhongguo (2018). «首批社会信用体系建设示范城市风采一瞥 (Die
gut anzusehenden ersten Vorzeigemodellstädte des sozialen Bonitätssystems)». https://www.creditchina.gov.cn/xinyongdongtai/bu-
wei/201801/t20180115_106471.html. Zugriff am: 07.01.2022.

16 Xinhuanet (2020). «China Blacklists Individuals for Concealing Symp-
toms, Violating Quarantine». 13. Februar. http://www.xinhuanet.com/
english/2020-02/13/c_138780063.html. Zugriff am: 07.01.2022; Gan,
Nectar (2020). «With the Coronavirus Under Control, this Chinese City
Wants to Score and Rank its Residents Based on Their Health and Li-
festyle». 25. Mai. https://edition.cnn.com/2020/05/25/tech/hangz-
hou-health-app-intl-hnk/index.html. Zugriff am: 07.01.2022.

17 Hangzhoushi Gonganju (2021). «关于范瑜等同志职务职级任免的通知 (Mit-
teilung über die personellen Veränderungen bezüglich Position und
Rank von Genossen Fu Yu und anderen)». 20. Juli. http://www.hangz-
hou.gov.cn/art/2021/7/20/art_1229063419_3901294.html. Zugriff am:
07.01.2022.

3. Profiteure und Herausforderer

1 Alibaba Group (2019). «Watch Jack Ma at Viva Tech 2019». 17. Mai.
https://www.youtube.com/watch?v=g1Y05cuekIs. Zugriff am: 09.09.
2022.

2 Xinlanwang (2020). «全国第一张健康码是怎样诞生的?背后有故事 (Wie ist
der erste Gesundheitscode des Landes zustande gekommen? Hier sind
die Hintergründe)». http://m.shaoxing.com.cn/p/2790913.html. Zugriff am: 23.01.2022.

3 Wang, June (2021). «China. The QR Code System – a Battle Between
Privacy And Public Interests». 6. Mai. https://lexatlas-c19.org/the-use-
of-qr-code-system-in-china-a-battle-between-protecting-privacy-and-sa-
feguarding-public-interests/. Zugriff am: 23.01.2022.

4 Zhou, Jiali (2020). «互联网最隐秘夫妇：彭蕾孙彤宇 (Das geheimnisvollste
Paar der Internetbranche: Peng Lei und Sun Tongyu)». 24. Juli. https://
www.36kr.com/p/807913436921990. Zugriff am: 23.01.2022.

5 Xiao, Eva (2017). «How WeChat Pay become Alipay's Largest Rival:
Tech in Asia». 20. April. https://www.techinasia.com/wechat-pay-vs-
alipay. Zugriff am: 23.01.2022.

6 Flannery, Russell (2012). «Robin Li, CEO of China's Search Giant,

Baidu, Talks About Training Staff». 25. Juni. https://www.forbes.com/sites/russellflannery/2012/06/25/robin-li-of-chinas-internet-search-giant-baidu-talks-about-training-staff/#26d1229fb91d. Zugriff am: 3.11.2021 zitiert nach: Leong, Susan (2018). «Prophets of Mass Innovation: The Gospel According to BAT». *Media Industries*. Ausgabe 5. Nr. 1. https://quod.lib.umich.edu/m/mij/15031809.0005.105/--prophets-of-mass-innovation-the-gospel-according-to-bat?rgn=main;view=fulltext. Zugriff am: 03.07.2022.

7 Wu, Julia (2018). «The Chinese Social Network». 8. Dezember. https://medium.com/hackernoon/the-chinese-social-network-bb282204af9c. Zugriff am: 23.01.2022.

8 Svensson, Marina (2021). «‹Crazy Jack› and the ‹Gay CEO›: Visions, Entrepreneurship, and the Chinese State in the New Digital Economy». *Journal of Current Chinese Affairs*, Ausgabe 50, Nr. 1, S. 63–85. https://journals.sagepub.com/doi/10.1177/1868102621991558. Zugriff am: 12.02.2022.

9 Bloomberg (Hrsg.) (2018). «Alibaba Founder Jack Ma, China's Richest Man, is Now Officially a Member of Its Communist Party». 27. November. https://fortune.com/2018/11/27/jack-ma-china-communist-party/. Zugriff am: 23.01.2022.

10 Keane, Michael/ Ying, Chen (2019). «Entrepreneurial Solutionism, Characteristic Cultural Industries and the Chinese Dream». *International Journal of Cultural Policy*, Ausgabe 19, Nr. 7. S. 743–755. https://www.tandfonline.com/doi/abs/10.1080/10286632.2017.1374382?journalCode=gcul20. Zugriff am: 28.04.2022.

11 Wang, Zicheng (2021). «How Ren Zhengfei Grew up, in the Huawei Founder's Own Writing: ‹My Father and Mother› and Ren himself». https://pekingnology.substack.com/p/how-ren-zhengfei-grew-up-in-the-huawei. Zugriff am: 23.01.2022.

12 Mozur, Paul/ Wang, Shanshan (2015). «Thousands at Huawei Came Forward in Push Against Fraud, Founder Says». *New York Times*. 22. Januar. https://bits.blogs.nytimes.com/2015/01/22/thousands-of-huawei-workers-respond-to-internal-anti-fraud-campaign/. Zugriff am: 23.01.2022.

13 Medeiros, Evan S. et al (2005). «‹The Digital Triangle›: A New Defense-Industrial Paradigm?». In: ebd. (Hrsg.). *A New Direction for China's Defense Industry*. Santa Monica, CA: Rand Corporation. https://www.jstor.org/stable/pdf/10.7249/mg334af.12.pdf. Zugriff am: 14.02.2022.

14 Ford, Christopher Ashley (2019). «Huawei and its Siblings, the Chinese Tech Giants: National Security and Foreign Policy Implications». https://2017-2021.state.gov/huawei-and-its-siblings-the-chinese-tech-giants-national-security-and-foreign-policy-implications/index.html. Zugriff am: 14.02.2022.

15 Balding, Christopher (2019). «Huawei Technologies' Links to Chinese State Security Services». https://ssrn.com/abstract=3415726. Zugriff am: 05.07.2022. Reuters (2019). «Huawei Employees Reportedly Worked With China's Military on Multiple Research Projects, Strengthening Concerns Over State Ties.» 27. Juni. https://www.businessinsider.com/report-huawei-employees-helped-china-military-on-research-projects-2019-6. Zugriff am: 28.04.2022.

16 Wang, Zicheng (2021). «How Ren Zhengfei Grew up, in the Huawei Founder's Own Writing: ‹My Father and Mother› and Ren himself». https://pekingnology.substack.com/p/how-ren-zhengfei-grew-up-in-the-huawei. Zugriff am: 23.01.2022.

17 Honour, Kristina (2021). «Who is Ren Zhengfei? Everything You Need to Know About the Founder and CEO of Huawei». https://uscnpm.org/who-is-ren-zhengfei/. Zugriff am: 08.02.2022.

18 Wang, Zicheng (2021). «Ren Zhengfei's Trip to the U.S. Almost Three Decades Ago: The Huawei Founder's Admiration for America Remains to this Day». https://pekingnology.substack.com/p/ren-zhengfeis-trip-to-the-us-almost. Zugriff am: 08.02.2022.

19 Wang, Zicheng (2021). «How Ren Zhengfei Grew up, in the Huawei Founder's Own Writing: ‹My Father And Mother› And Ren Himself». https://pekingnology.substack.com/p/how-ren-zhengfei-grew-up-in-the-huawei. Zugriff am: 08.02.2022.

20 Balding, Christopher/Clarke, Donald (2019). «Who Owns Huawei?». https://papers.ssrn.com/sol3/papers.cfm?abstract_id=3372669. Zugriff am: 04.02.2022.

21 Liao, Rita (2018). «China Leaves Huawei Founder Off Honor Roll Marking 40 Years of Economic Success». 27. November. https://techcrunch.com/2018/11/27/huawei-excluded-economic-reform-list/. Zugriff am: 04.02.2022.

22 Pearlstine, Norman et al. (2019). «Who is the Man Behind Huawei?». 10. April. https://www.latimes.com/projects/la-fi-tn-huawei-5 g-trade-war/. Zugriff am: 04.02.2022.

4. Entwickler und Zuarbeiter

1 Anonymous (o. J.). «996.ICU». https://996.icu/#/zh_CN. Zugriff am: 14.03.2022.

2 Anonymous (o. J.). «怎样评价‹微软亚洲研究院4人团队完成视觉识别里程碑式突破› (Wie soll man diese Nachricht beurteilen: ‹Einem Vierer-Team am Microsoft Asia Research Institute haben mit der Erreichung eines Meilensteins im Bereich Visual Recognition einen Durchbruch erreicht›?)». https://www.zhihu.com/question/28209381/answers/updated?page=2. Zugriff am: 14.03.2022.

3 Liao, Rita (2019). «How China's First Autonomous Driving Unicorn

Momenta Hunts For Data». 13. Juni. https://techcrunch.com/2019/06/13/momenta-profile/. Zugriff am: 14.03.2022.

4 Cao, Xudong (2015). «清华大学的教育存在什么问题？ (Welche Probleme gibt es in Bezug auf die Pädagogik an der Qinghua-Universität?)». https://www.zhihu.com/people/cao-xu-dong-52/answers. Zugriff am: 08.03.2022.

5 Neitianzhenlio (2018). «日本励志感人广告《人生不是一场马拉松》中文字幕_超清 (Eine ermutigende und bewegende japanische Werbung ‹Das Leben ist kein Marathon› mit chinesischen Untertiteln in hoher Auflösung)». https://www.bilibili.com/video/BV1yW411773S/. Zugriff am: 14.03.2022.

6 Zhu, Shenshen (2021). «Zhihu Posts Third-Quarter Revenue Growth With Growing User Base». 23. November. https://www.shine.cn/biz/tech/2111238564/. Zugriff am: 14.03.2022; De Wei, Low (2021). «China's Largest Q&A Platform Zhihu Reaches a Crossroads After One-Year IPO Anniversary». 4. Juni. https://kr-asia.com/chinas-largest-qa-platform-zhihu-reaches-a-crossroads. Zugriff am: 14.03.2022.

7 Cxb168 (2019). «千万知乎用户数据分析报告» (Datenanalyse von Millionen Zhihu-Nutzern)». 9. Juli. https://www.jianshu.com/p/b37d671f97e5. Zugriff am: 08.03.2022; Xueshenkeji (2020). «知乎人均985?用Python爬虫告诉你答案 (Der durchschnittliche Zhihu-Nutzer kommt von einer ′985 [nationalen Schwerpunkt]-Universität? Ein Python-basierter Crawler gibt dir die Antwort)» http://www.bilibili.com/read/cv4317550/. Zugriff am: 08.03.2022; Gab China (o. J.). «Zhihu: What Is It And Why Is It Important?». https://gab-china.com/zhihu-what-is-it-and-why-is-it-important/. Zugriff am: 08.03.2022.

8 Zu der Herangehensweise siehe Mao, Yishu/ Shi-Kupfer, Kristin (2021). «Online Public Discourse on Artificial Intelligence and Ethics in China: Context, Content, and Implications.» *AI & Soc*iety. https://link.springer.com/article/10.1007/s00146-021-01309-7. Zugriff am: 02.07.2022.

9 Anonymous (o. J.). «亚马逊语音助手劝主人自杀› 事件出现, 人工智能的伦理应该由谁监督 (‹Der Stimm-Assistent von Amazon hat seinen Besitzer zum Selbstmord überredet› ist passiert. Wer soll die Ethik von Künstlicher Intelligenz beaufsichtigen?)». https://www.zhihu.com/question/362333514. Zugriff am: 08.03.2022.

10 Anonymous (o. J.). «人工智能时代, 绝大多数普通低端劳动力对于资本家的意义在哪里 (Im Zeitalter der Künstlichen Intelligenz, was ist die Bedeutung von durchschnittlichen Arbeitern am unteren Ende [der Produktionskette] für Kapitalisten?)». https://www.zhihu.com/question/336334359. Zugriff am: 08.03.2022.

11 Jiang, Mable (2019). «A Conversation With Suji Yan & Katt Gu: We Are Still Working For J. P. Morgan's Ghost From Two Hundred Years Ago». 2. Mai. https://mablejiang.medium.com/a-conversation-with-suji-yan-

katt-gu-we-are-still-working-for-j-p-morgans-51ed354300b5. Zugriff am: 14.03.2022.

12 hvariant (2019). «996.ICU/ LICENSE». https://github.com/996icu/996. ICU/blob/master/LICENSE. Zugriff am: 14.03.2022.

13 Anonymous (o. J.). «996.ICU». https://996.icu/#/zh_CN. Zugriff am: 14.03.2022.

14 Zhou, Cissy (2022). «China's Video Site Bilibili to Add 1000 Censors After Worker Dies: Content Monitoring Team to be Increased 40% Amid Debate on Overwork». https://www.ft.com/content/c23ae405-aca2-4c17-b53d-deaf7c2a595b. Zugriff am: 19.07.2022.

15 Alibaba (2019). «马云谈996 (Ma Yun spricht über 996)». 12. April. https://mp.weixin.qq.com/s/ocoNugBjpsn1_mBtbib2Lg. Zugriff am: 14.03.2022.

16 Zhonghuarenmingongheguo zuigaorenminfayuan (2021). «劳动人事争议典型案例 (第二批) (Modellfälle von zivilen Streitigkeiten im Arbeitswesen (2. Teil))». http://www.mohrss.gov.cn/SYrlzyhshbzb/laodonggu-anxi_/zcwj/202108/P020210825588559448703.pdf. Zugriff am: 14.03.2022.

17 Yan, Alice (2021). «Young Employees Rebel Against Chinese Work Ethic by Being Lazy, Refusing Overtime, And Hiding in the Toilets: They Call it ‹Touching Fish›». 3. Januar. https://www.scmp.com/lifestyle/article/3116109/young-employees-rebel-against-chinese-work-ethic-being-lazy-refusing?module=inline&pgtype=article. Zugriff am: 14.03.2022.

18 ChinaSpektrum (2022). «Pelosi in Taiwan – Wissenschaft vom Weglaufen – Manipulierte Gesundheitsapps: Aktuelle Debatten in Chinas Internet». SpektrumReader Nr. 1.29. September. https://merics.org/en/china-spektrum. Zugriff am: 30.09.2022.

19 Fang, Yu-Shen/ Li, Feng-Ping/ Luo, Ke-Yi (2020). «Status Analysis on Talent Recruitment at Artificial Intelligence Industry in the Guangdong-Hong Kong- Macao Greater Bay Area». *Proceedings of the 2020 5th International Conference on Humanities Science and Society Development (ICHSSD 2020)*. https://www.atlantis-press.com/proceedings/ichssd-20/125942271. Zugriff am: 09.09.2022.

20 CAICT (Hrsg.) (2020). «ICT 产业创新发展白皮书 (Weißbuch über neue Entwicklungen der ICT-Industrie)». http://www.caict.ac.cn/kxyj/qwfb/bps/202010/P020201020747846648780.pdf. S. 16. Zugriff am: 14.03.2022.

21 Wang, Zixu (2021). «In China, Delivery Workers Struggle Against a Rigged System». 20. April. https://thechinaproject.com/2021/04/20/in-china-delivery-workers-struggle-against-a-rigged-system/#:~:-text=They%20are%20more%20isolated%20and,Beijing%20Yi-lian%20Labor%20Law%20 Center. Zugriff am: 14.03.2022.

5. Aktivisten und Engagierte

1 Ma, Yihan (2022). «Online Food Delivery in China – Statistics & Facts. Statista». 10. März. https://www.statista.com/topics/7139/online-food-delivery-in-china/#dossierContents__outerWrapper. Zugriff am: 23.03. 2022.

2 Quipucamayoc (2021). «平台内外的外送江湖骑士联盟. 做骑手的大学生朋友 (Die Allianz der «wilden» Lieferfahrer auf und außerhalb der Plattform. Student als Freund der Lieferfahrer)». 10. Februar. https://tyingknots.net/2021/02/corona-friends-with-riders-3/. Zugriff am: 23.03. 2022.

3 Yu, Zizheng/ Treré, Emiliano/ Bonini, Tiziano (2022). «Emergence of Algorithmic Solidarity: Unveiling Mutual Aid Practices and Resistance Among Chinese Delivery Workers». *Media International Australia.* Ausgabe 183, Nr. 1. https://journals.sagepub.com/doi/full/10.1177/ 1329878X221074793. Zugriff am: 23.03.2022.

4 Quipucamayoc (2021). «平台内外的外送江湖骑士联盟. 做骑手的大学生朋友 (Die Allianz der «wilden» Lieferfahrer auf und außerhalb der Plattform. Student als Freund der Lieferfahrer)». 10. Februar. https://tyingknots.net/2021/02/corona-friends-with-riders-3/. Zugriff am: 23.03. 2022.

5 Ibid.

6 Plantin, Jean-Christophe/ de Seta, Gabriele (2019) . «WeChat as Infrastructure: The Techno-Nationalist Shaping of Chinese Digital Platforms». *LSE Research Online.* Januar. http://eprints.lse.ac.uk/91520/1/ Plantin_WeChat-as-infrastructure.pdf. Zugriff am: 22.03.2022.

7 China Internet Network Information Center (2011). «Statistical Reports on the Internet Development in China». Januar. https://www. cnnic.com.cn/IDR/ReportDownloads/201209/P020120904420388544497.pdf. Zugriff am: 23.03.2022. Dieser Bericht enthält auch die Zahlen von 2003 als Referenz.

8 Teng, Biao (2012). «Rights Defense (weiquan), Microblogs (weibo), and Popular Surveillance (weiguan): The Rights Defense Movement Online and Offline». Übersetzt von Mosher, Stacy. *China Perspectives.* Nr. 3, S. 29–39. https://journals.openedition.org/chinaperspectives/ 5943. Zugriff am: 15.02.2022.

9 China File (2013). «Document 9: A ChinaFile Translation». 8. November. https://www.chinafile.com/document-9-chinafile-translation. Zugriff am: 23.03.2022.

10 Wang, Jing (2019). *The Other Digital China: Non-Confrontational Activism.* Cambridge: Harvard University Press.

11 Van Laer/ Van Aelst (2009). «Cyber-Protest and Civil Society: the Internet and Action Repertoires in Social Movements». In: Jewkes, Yvonne/ Yar, Majid (Hrsg.). *Handbook of Internet Crime.* London: Willan,

S. 230–254. https://citeseerx.ist.psu.edu/viewdoc/download?doi=10.1.1.594.4921&rep=rep1&type=pdf. Zugriff am: 16.03.2022; Vegh, Sandor (2003). «Classifying Forms of Online Activism: The Case of Cyberprotests against the World Bank». In: McCaughey, Marta/ Ayers, Michael D. (Hrsg.). *Cyberactivism: Online Activism in Theory and Practice*. New York: Routledge. S. 71–95.

12 Gao, Li (2015). «The Emergence of the Human Flesh Search Engine and Political Protest in China: Exploring the Internet and Online Collective Action». *Media, Culture, Society*, Jg. 38., Nr. 3. S. 349–364. https://journals.sagepub.com/doi/abs/10.1177/0163443715610493. Zugriff am: 23.03.2022; Gao, Li/ Stanyer, James (2014). «Hunting Corrupt Officials Online: the Human Flesh Search Engine and the Search for Justice in China». *Information. Communication and Society*. Jg. 17, Nr. 7. https://www.researchgate.net/publication/262583897_Hunting_corrupt_officials_online_the_human_flesh_search_engine_and_the_search_for_justice_in_China. Zugriff am: 21.03.2022; Wang, Fei-yue et al. (2010). «A Study of the Human Flesh Search Engine: Crowd-Powered Expansion of Online Knowledge». *IIEEE Computer Science*, August, S. 45–53. http://www.u.arizona.edu/~qpzhang/paper/HFS_Computer_2010.pdf. Zugriff am: 23.03.2022.

13 Kaiman, John (2013). «China's ‹Brother Wristwatch› Yang Dacai Jailed for 14 Years for Corruption». *The Guardian*. 5. September. https://www.theguardian.com/world/2013/sep/05/china-brother-wristwatch-yang-dacai-sentenced. Zugriff am: 23.03.2022.

14 Ford, Peter (2012). «Deng Fei Goes Beyond Journalism to Right Wrongs in China». 2. Juni. https://www.csmonitor.com/World/Making-a-difference/2012/0206/Deng-Fei-goes-beyond-journalism-to-right-wrongs-in-China. Zugriff am: 23.03.2022.

15 Han, Rongbin (2018). *Contesting Cyberspace in China: Online Expression and Authoritarian Resilience*. New York: Columbia University Press. S. 78.

16 Yang, Shen/ Wu, Fengshi (2022). «From Online Mass Incidents to Defiant Enclaves: Political Dissent on China's Internet». *The University of Chicago Press Journals* Jg. 87, S. 20–39. https://www.journals.uchicago.edu/doi/pdf/10.1086/717610. Zugriff am: 22.03.2022.

17 Xu, Jian (2015). «Online Weiguan in Web 2.0 China: Historical Origins, Characteristics, Platforms and Consequences». In: Yang, Guobin (Hrsg.). *China's Contested Internet*. Copenhagen: Nordic Institute of Asian Studies. S. 260 f. https://www.diva-portal.org/smash/get/diva2:1228439/FULLTEXT01.pdf. Zugriff am: 23.03.2022.

18 Doyle, Andrew (2011). «Revisiting the Synopticon: Reconsidering Mathiesen's ‹The Viewer Society› in the Age of Web 2.0». *Theoretical Criminology* Jg. 15, Nr. 3, S. 283–299.

19 Baidu (o. J.). «公民记者 (Bürgerjournalisten)». https://baike.baidu.com/it

em/%E5%85%AC%E6%B0%91%E8%AE%B0%E8%80%85/6480108.
Zugriff am: 01.07.2022.

20 Barmé, Geremie R. (2022). «Wang Jixian: A Voice Heard from The Other China, But in Odessa». 12. März. https://www.chinafile.com/ reporting-opinion/viewpoint/wang-jixian-voice-other-china-odessa. Zugriff am: 23.03.2022.

21 Zeng, Jing (2019). «You Say #MeToo, I Say #MiTu: China's Online Campaigns Against Sexual Abuse». In: Fileborn, Bianca/ Loney-Howes (Hrsg.). *#MeToo and the Politics of Social Change*. London: Palgrave Macmillan. S. 71–83.

22 China Labour Bulletin (2021). «Food Delivery Worker Activist Accused of ‹Picking Quarrels›». 25. März. https://clb.org.hk/content/food-delivery-worker-activist-accused-%E2%80%9Cpicking-quarrels%E2%80%9D. Zugriff am: 23.03.2022.

23 Ibid.

24 Chuang (2022). «A Video of Delivery Driver Organizer Chen Guojiang 陈国江». https://twitter.com/chuangcn/status/1477960296157351940. Zugriff am: 23.03.2022.

25 Vgl. Gueorguiev, Dimitar D. (2021). *Retrofitting Leninism*. Oxford: Oxford University Press; Creemers, Rogier/ Fischione, Carlo/ Rühlig, Tim (2022). «Getting China's Digital Technology Policy Right: Implications for the EU». In: Rühlig, Tim (Hrsg.): *Digital Power China*. A European Research Consortium. https://timruhlig.eu/ctf/assets/x93kik05rt7l/4ui-ZoNQtRkni5KfuNDrBbx/fd52e3320cfe21e6b304ad31d81279d8/DPC-full_report-FINAL.pdf. Zugriff am: 23.03.2022.

6. Rauschsüchtige und Spielende

1 Bloomberg News (2020). «The World's Livestream Queen Can Sell Anything». https://blooomberg.com/features/2020-viya-china-livestream-shopping. Zugriff am: 01.04.2022.

2 Shen, Cheng/ Yang, Xiaochen (2022). «薇娅名下两公司再被列入‘经营异常’. (Zwei Firmen unter Wei Yas Namen sind als ‹anormaler Geschäftsbetrieb› gekennzeichnet)». 23. März. http://finance.ce.cn/stock/gsgdbd/202203/23/t20220323_37427360.shtml. Zugriff am: 01.04.2022.

3 Bloomberg News (2020). «The World's Livestream Queen Can Sell Anything». https://blooomberg.com/features/2020-viya-china-livestream-shopping. Zugriff am: 01.04.2022.

4 Sun, Weimei/ Creech, Brian (2019). «Celebratory Consumerism on China's Singles' Day: From Grass-Roots Holiday to Commercial Festival». *Global Media and Communication*, Jhg. 15, Nr. 2, S. 233–248. https://journals.sagepub.com/doi/full/10.1177/1742766519848453?journalCode=gmca. Zugriff am: 30.03.2022.

5 Liu, Coco/ Chen, Lulu Yilun (2021). «What China's Single Tech Squeeze

is Doing to Single's Day». 8. November. https://www.bloomberg.com/news/articles/2021-11-08/what-china-s-tech-squeeze-is-doing-to-singles-day-quicktake. Zugriff am: 01.04.2022.

6 Liu, Run (2016). «刘润:虫妈邻里团. 小资本玩转生鲜电商 (Die Chongma Linli-Gruppe. Mit wenig Kapitel sich gut mit den Online-Handel von Frischprodukten auskennen)». 10. Mai. https://www.sohu.com/a/74548094_117018. Zugriff am: 01.04.2022.

7 Li, Gloria (2021). «China's Community Group-Buying Players Are Facing a Reshuffle, Signaling the End of the Fast-Growth, Cash-Burning Bubble Blown by the Country's Big Tech». 5. Oktober. https://pandaily.com/chinas-community-group-buying-players-are-facing-a-reshuffle-signaling-the-end-of-the-fast-growth-cash-burning-bubble-blown-by-the-countrys-big-tech/. Zugriff am: 01.04.2022.

8 Thomala, Lai Lin (2022). «Tencent's Annual Online Games Revenue 2011–2021». https://www.statista.com/statistics/527280/tencent-annual-online-games-revenue/. Zugriff am: 04.04.2022.

9 Takahashi, Dean (2020). «Niko Partners: 75% of China's 720 Million Gamers Live Outside the Biggest Cities». 10. September. https://venturebeat.com/2020/09/10/niko-partners-75-of-chinas-720-million-gamers-live-outside-the-biggest-cities/. Zugriff am: 04.04.2022.

10 Zandt, Florian (2021). «50% of Chinese Play More Than 6 Hours Per Week». 31. August. https://www.statista.com/chart/25661/time-spent-playing-video-games-per-week/. Zugriff am: 05.04.2022.

11 Woodbury, Rex (2021). «What China's Soul Tells Us About the Future of the Social Internet». 23. Juni. https://digitalnative.substack.com/p/what-chinas-soul-tells-us-about-the?s=r. Zugriff am: 05.04.2022.

7. Kriminelle und Rebellen

1 Weibo-Konto von 郭盛华老师 (Lehrer Guo Shenghuo). https://weibo.com/q1602007?refer_flag=1005055013_. Zugriff am: 09.09.2022.

2 Hongxing Xingwen (2022). «'职业打假第一人'王海回应知假买假质疑:这是遏制欺诈行为 (Der erste professionelle Fälschungsbekämpfer Wang Hai geht auf Fragen über Wissen beim Kauf von Fälschungen ein: So kann man betrügerische Handlungen entlarven)». 11. Mai. https://m.thepaper.cn/baijiahao_18032102. Zugriff am: 13.06.2022.

3 Teller Report (Hrsg.) (2021). «Professional Counterfeit Wang Hai: Internet Celebrities Carry More Goods, And Simbaro Yonghao is Beaten in the Face». 10. Januar. https://www.tellerreport.com/life/2021-01-10-%0A---professional-counterfeit-wang-hai--internet-celebrities-carry-more-goods--and-simbaro-yonghao-is-beaten-in-the-face%0A--.ryx-95NeORv.html. Zugriff am: 11.06.2022.

4 Zhao, Yutong (2022). «公安部公布五类高发电信网络诈骗案件 发案占比近 80% (Das Ministerium für Öffentliche Sicherheit veröffentlicht

fünf verschiedene Arten von häufig vorkommenden Betrügereien im Internet. Diese Fälle machen insgesamt 80% aus)». 12. Mai. http://zw.china.com.cn/2022-05/12/content_78213656.html. Zugriff am: 11.06.2022.

5 Liu, Cindy/Kasztelan, Marta (2022). «Online Fraud: How Chinese Nationals Forced to Run Internet Scams in Cambodia Earn Millions for their Captors, Sometimes Paying With Their Lives». 30. Januar. https://www.scmp.com/magazines/post-magazine/long-reads/article/3165149/online-fraud-how-chinese-nationals-forced-run. Zugriff am: 10.06.2022.

6 Weibo-Konto von 郭盛华老师 (Lehrer Guo Shenghuo). https://weibo.com/q1602007?refer_flag=1005055013_. Zugriff am: 09.09.2022.

7 郭盛华老师 (Lehrer Guo Shenghuo). https://weibo.com/q1602007?refer_flag=1005055013_. Zugriff am: 09.09.2022.

8 Bedishuo (2021). «最强黑客郭盛华！将国旗挂到日本网站，入侵欧美财务却不取一分钱 (Der stärkste Hacker Guo Shenghua! Die Nationalflagge auf einer japanischen Website aufhängen, europäische und amerikanische Finanzen hacken, ohne einen Cent zu nehmen)». 28. November. https://new.qq.com/omn/20211127/20211127A074ON00.html. Zugriff am: 03.07.2022.

9 Ziyatongqumingrenguancha (2021). «'黑客教父'郭盛华，瘫痪日本网络，拒马云上亿邀请是真是假? (Der Pate der Hacker, Guo Shenghua, legte das japanische Netzwerk lahm und lehnte Jack Ma's hunderte Millionen Einladungen ab. Ist das wahr oder falsch?)». 18. Dezember. https://www.163.com/dy/article/GRGN9T000552CBB8.html. Zugriff am: 02.07.2022.

10 Office of the Press Secretary (2015). «Fact Sheet: President Xi Jingping's State Visit to the United States». 25. September. https://obama-whitehouse.archives.gov/the-press-office/2015/09/25/fact-sheet-president-xi-jinpings-State-visit-united-States. Zugriff am: 01.07.2022.

11 Perlroth, Nicole (2021). «How China Transformed Into a Prime Cyber Threat to the U.S.» *The New York Times.* 19. Juli. https://www.nytimes.com/2021/07/19/technology/china-hacking-us.html. Zugriff am: 01.07.2022.

12 Stolto, Samuel (2020). «Von der Leyen: Chinese Cyberattacks on EU Hospitals 'Can't Be Tolerated'». 23. Juni. https://www.euractiv.com/section/digital/news/von-der-leyen-chinese-cyberattacks-on-eu-hospitals-cant-be-tolerated/. Zugriff am: 01.07.2022; Lau, Stuart (2021). «Europe Joins US to Condemn Cyberattacks From China: US, UK Put Blame on Chinese Government, But EU Stops Short». https://www.politico.eu/article/europe-us-condemnation-china-state-sponsored-cyber-attacks/. Zugriff am: 01.07.2022.

13 Milmo, Dan (2022). «China Accused of Cyber-Attacks on Ukraine Before Russian Invasion». *The Guardian.* 1. April. https://www.theguardian.com/technology/2022/apr/01/china-accused-of-launching-cyber-

attacks-on-ukraine-before-russian-invasion. Zugriff am: 01.07.2022;
Teraoka, Atsushi (2022). «Chinese Hackers Launch Cyberattacks
Against Ukraine Amid War». *Asia Nikkei.* 7. April. https://asia.nikkei.
com/Politics/Ukraine-war/Chinese-hackers-launch-cyberattacks-
against-Ukraine-amid-war. Zugriff am: 01.07.2022.

14 Corera, Gordon (2022). «Mystery of Alleged Chinese Hack on Eve of
Ukraine Invasion». *BBC.* 7. April. https://www.bbc.com/news/techno-
logy-60983346. Zugriff am: 10.07.2022.

15 Non-Fungible Token (NFTs), englisch für «nicht austauschbares Zeichen» sind digitale Unikate, die einzigartig und damit nicht kopierbar
oder austauschbar sind. Oftmals sind NFTs Bilder oder Videos, aber sie
können im Prinzip alles abbilden, auch zum Beispiel Musik, Namen
oder Schriftstücke. Die NFTs sind daher ein digitaler Eigentums- oder
Echtheitsnachweis. Sie basieren ähnlich wie Bitcoins auf der Blockchain-Technologie und sind aktuell die zweiwertvollste Kryptowährung. Sie sind allerdings aufgrund ihrer Verschiedenheit nicht so einfach untereinander zu tauschen wie Bitcoins. Das erste NFT-Kunstwerk
lässt sich auf das Jahr 2014 datieren, aber erst jüngst haben die NFTs
als Kunstobjekte größere Bekanntheit erfahren. Siehe u. a. Kogel, Den-
nis/ Posch, Anita (2021). «Der Hype um Kunst in der Blockchain:
Non-fugible Tokens». 13. März. https://www.deutschlandfunkkultur.
de/non-fungible-tokens-der-hype-um-kunst-in-der-blockchain-100.
html. Zugriff am: 01.07.2022.

16 Li, Diana (2022). «Poetry Bots and Psychedelic Buddhas: Meet China's
Top NFT Artist». 9. März. https://www.sixthtone.com/news/1009835/
poetry-bots-and-psychedelic-buddhas-meet-chinas-top-nft-artist#:~:-
text=Diana%20Li&text=The%20non%2Dfungible%20token%20. Zugriff am: 01.07.2022.

17 Browne, Ryan (2022). «Bitcoin Production Roars Back in China Des-
pite Beijing's Ban on Crypto Mining». 18. Mai. https://www.cnbc.
com/2022/05/18/china-is-second-biggest-bitcoin-mining-hub-as-mi-
ners-go-underground.html. Zugriff am: 01.07.2022.

18 Song11Ting. https://twitter.com/Song11Ting. Zugriff am: 01.07.2022.

8. Grenzgänger der chinesischen Digitalisierung

1 Su, Yutongs Instagram-Konto. 26. Februar 2022. https://www.ins-
tagram.com/p/CacQC4Xtxxd/. Zugriff am: 09.08.2022.

2 He, Kayla (2022). «Meet the Viral Influencer Making Chinese and
American Netizens Laugh». *RADII.* 5. Januar. https://radii.co/article/
meet-the-viral-influencer-making-chinese-and-american-neti-
zens-laugh. Zugang am: 06.09.2022.

3 Landing-Page von Griffin Gu. https://www.ggnohadid.com/. Zugriff
am: 09.09.2022.

4 Tuffley, David (2022). «Concerns Over TikTok Feeding User Data to Beijing are Back – And There's Good Evidence to Support Them». *The Conversation.* 5. Juli. https://theconversation.com/concerns-over-tik-tok-feeding-user-data-to-beijing-are-back-and-theres-good-evidence-to-support-them-186211. Zugriff am: 09.09.2022.

5 Jarovsky, Luzia (2022). «I was on Tik Tok for 30 days: It is Manipulative, Addictive and Harmful to Privacy». *UX Collective.* 28. Juli. https://uxdesign.cc/i-was-on-tiktok-for-30-days-it-is-manipulative-addictive-and-harmful-to-privacy-9e25445a9122. Zugriff am: 09.09.2022; Perkins, Thomas (2022). «It's Their Word Against Their Source Code. TikTok Report. Internet 2.0». https://internet2-0.com/whitepaper/its-their-word-against-their-source-code-tiktok-report/. Zugriff am: 09.09. 2022.

6 Li Jingjing (2022). «Who is Li Jingjing, and Why is She Running Her YouTube Channel?». 18. April. https://www.youtube.com/watch?v=-JcE5wv59YKI. Zugriff am: 24.09.2022.

7 Seitz, Amanda/Tucker, Eric/Catalini, Mike (2022). «How China's TikTok, Facebook Influencers Push Propaganda». 30. März. https://apnews.com/article/china-tiktok-facebook-influencers-propaganda-81388bca676c560e02a1b493ea9d6760. Zugriff am: 09.09. 2022.

8 Su, Yutong (o. J.). «They Live in Constant Fear». *VOA News.* https://projects.voanews.com/press-freedom/secondary-targets/english/journalist/china-yutong-su.html. Zugriff am: 09.09.2022.

9 Abuluowang (2010). «80后女青年天安门广场纪念»六四»遭绑架 (Eine in den 1980ern geborene junge Frau ist während des Jahrestags am 4. Juni auf dem Platz des Himmlischen Friedens entführt worden)». 5. Juni. https://www.aboluowang.com/2010/0605/168614.html. Zugriff am: 09.09.2022.

10 Johnson, Ian (2014). «German Broadcaster Fires Chinese Blogger». *The New York Times.* 21. August. https://www.nytimes.com/2014/08/22/world/europe/german-broadcaster-fires-chinese-blogger.html. Zugriff am: 09.09.2022.

11 McLaughlin, Timothy (2022). «The Volunteer Movement Enraging China». *The Atlantic.* 11. Mai. https://www.theatlantic.com/international/archive/2022/05/great-translation-movement-china-censorship-firewall/629914/. Zugriff am: 09.09.2022; Lam, Oiwan (2022). «The Chinese Great Translation Movement: Exposing Chinese Propaganda or Spreading Hate?». 22. März. https://globalvoices.org/2022/03/22/the-chinese-great-translation-movement-exposing-chinese-propaganda-or-spreading-hate/. Zugriff am: 09.09.2022.

12 Chung, Jake (2016). «Profile: Audrey Tang: 100% Made in Taiwan». *Taipei Times.* 26. August. https://www.taipeitimes.com/News/taiwan/archives/2016/08/28/2003654031. Zugriff am: 09.09.2022; Kalkhof,

Maximilian (2017). «Hacken ist eine Art zu denken». *Goethe Institut Magazin*. April. https://www.goethe.de/ins/tw/de/kul/mag/20961115.html. Zugriff am: 09.09.2022.

13 Tang, Audrey (2020). «Inside Taiwan's New Digital Democracy». *Move.net*. https://idus.us.es/bitstream/handle/11441/98152/Inside.pdf?sequence=1&isAllowed=y. Zugriff am: 09.09.2022; O'Flaherty, Kate (2018). «Taiwan's Revolutionary Hackers Are Forking the Government». *Wired*. 4. Mai. https://www.wired.co.uk/article/taiwan-sunflower-revolution-audrey-tang-gov. Zugriff am: 09.09.2022.

14 Mattheis, Philip (2022). «Blockade von Taiwan hätte gravierende Folgen für die Weltwirtschaft». *Der Standard*. 5. August. https://www.derstandard.de/story/2000138043802/blockade-von-taiwan-haette-gravierende-folgen-fuer-die-weltwirtschaft. Zugriff am: 20.09.2022.

15 AFP (2021). «Taiwan Government Faces 5 Million Cyberattacks Daily». 10. November. https://www.securityweek.com/taiwan-government-faces-5-million-cyberattacks-daily-official. Zugriff am: 20.04.2022.

16 Wu, Jason (2021). «Taiwan's Cybersecurity Dilemma». *AmChamTaiwan*. 14. Mai. https://topics.amcham.com.tw/2021/05/taiwan-cybersecurity-dilemma/. Zugriff am: 20.09.2022.

17 International Institute for Management Development (2022). «World Digital Competitiveness Ranking 2022». 29. September. https://www.imd.org/centers/world-competitiveness-center/rankings/world-digital-competitiveness/. Zugriff am: 30.09.2022.

18 Twitter-Konto von Audrey Tang. https://twitter.com/audreyt?lang=en. Zugriff am: 25.09.2022.

Die Macherinnen und Macher
der chinesischen Digitalisierung

Audrey Tang
https://de.wikipedia.org/wiki/
Audrey_Tang

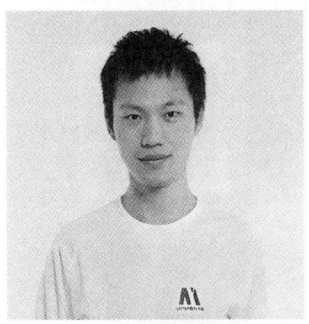

Cao Xudong
https://golden.com/wiki/
Xudong_Cao-PBRGDG5

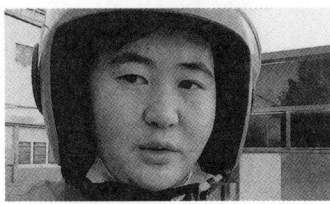

Chen Guojiang
https://labornotes.org/2021/04/china-leader-delivery-riders-
alliance-detained-solidarity-movement-repressed

Griffin Gu Ruimeng
https://radii.co/article/meet-the-viral-
influencer-making-chinese-and-american-
netizens-laugh

Guo Shenghua
https://twitter.com/gsh_china?lang=en

Viya/Weiya Huang
https://www.caixinglobal.com/2021-12-20/livestreamer-slapped-with-
record-210-million-fine-for-dodging-tax-101820104.html

Dr. Li Wenliang
(https://en.wikipedia.org/wiki/Li_Wenliang)

Lu Wei
https://en.wikipedia.org/wiki/Lu_
Wei_(politician)

Huang Wenyu
(http://www.ccmpc.org.cn/news/page/1289.html)

Peng Lei
(https://www.forbes.com/profile/lucy-peng/)

Ren Zhengfei
https://www.thefamous-
people.com/profiles/
ren-zhengfei-20799.php

Song Ting
https://www.tatlerasia.com/
people/ting-song

Suji Yan
https://golden.com/wiki/
Suji_Yan-K44BXKE

Su Yutong
https://medium.
com/@suyutong

Wang «Ame», Chunyu
https://ggscore.com/en/dota-2/player/ame

Wang Hai
https://www.sixthtone.com/news/1001545/why-we-should-mourn-the-
demise-of-chinas-fake-goods-hunters